Svenja Ehlers

Psychosoziale Beratungsgespräche

Svenja Ehlers

Psychosoziale Beratungsgespräche

Ältere Menschen in
Krisensituationen begleiten

URBAN & FISCHER
München · Jena

Zuschriften und Kritiken an:
Urban & Fischer Verlag
Lektorat Altenpflege
Karlstraße 45
80333 München

Bibliografische Information Der Deutschen Bibliothek
Die Deutsche Bibliothek verzeichnet Publikationen in der Deutschen
Nationalbibliografie; detaillierte bibliografische Daten sind im Inter-
net über http://dnb.ddb.de abrufbar.

1. Auflage 2003
© Urban & Fischer Verlag

03   04   05   06   4   3   2   1

Planung: Dr. Grit Wurlitzer, Quedlinburg
Lektorat: Regina Pappers, München
Herstellung: Hildegard Graf, München
Kapitelanfangsseiten, Abb. 3 und Abb. 7: Karin Wurlitzer, Neuenkirchen
Satz und Druck: Laupp & Göbel, Nehren
Umschlaggestaltung: Spiesz-Design, Neu-Ulm
Titelfoto: Werner Krüper, Bielefeld

ISBN 3-437-47450-2
Printed in Germany

Vorwort

Die Beziehung zwischen AltenpflegerInnen und alten Menschen geht weit über die Hilfestellungen hinaus, die sich auf die eingeschränkten körperlichen Funktionen alter Menschen beziehen. Heutzutage ist professionelle Altenpflege ein ganzheitliches Angebot, welches die psychosoziale Betreuung in gleichem Maße mit einbezieht. Dabei ist die Beratung der alten Menschen zu einer Kernaufgabe für alle in der Altenpflege Tätigen herangewachsen.

Ein Beratungsmodell spezifisch für die Altenpflege zu beschreiben, ist mir daher ein wichtiges Anliegen. Das Buch geht aus von einem ganzheitlichen Pflege- und Beratungsmodell, den Aufgaben der AltenpflegerInnen und den Problemsituationen der zu pflegenden alten Menschen. Auf dieser Grundlage werden Möglichkeiten aufgezeigt, wie AltenpflegerInnen und andere professionelle HelferInnen alte Menschen begleiten und wirksam unterstützen können.

Über den theoretischen Einblick in die Psychosoziale Beratung hinaus erhalten die LeserInnen sowohl die Möglichkeit, ihre Fähigkeiten zu erweitern als auch ihre beruflichen Alltagssituationen mit den alten Menschen zu reflektieren. Anhand zahlreicher Beispiele soll es gelingen, den Einsatz psychosozialer Beratungsgespräche kennen und anwenden zu lernen.

Die Beispiele wie auch Personen habe ich frei erfunden. Beschriebene Analysen und Beratungswege stellen nur eine von vielen Möglichkeiten dar. Eine Beratung muss bei jedem Menschen individuell angepasst werden und hängt von vielfältigen Faktoren ab, die sich in einem schriftlich fixierten Beispiel nicht alle erfassen lassen.

Dieses Buch will motivieren, sich mit seiner beruflichen Praxis auseinander zu setzen und so zu neuen Einsichten zu gelangen. Es will anregen, Neues und bereits Gelerntes zu erproben und zu üben und nicht zuletzt will es helfen, Beratungsgespräche mit alten Menschen gezielt und sicher führen zu können.

Über Feedback und Anregungen, die sich durch das Lesen des Buches ergeben, freue ich mich.

Autorin

Sozialwissenschaftliches Studium der Fächer Pädagogik, Soziologie und Wirtschafts- und Sozialpsychologie an der Georg-August-Universität Göttingen mit dem Abschluss Magistra Artium. Studienschwerpunkte waren Psychosoziale Beratungs- und Therapieansätze, Organisationsentwicklung und Projektmanagement. Weiterbildung im Bereich Personalwesen und Qualitätsmanagement. Seit über 12 Jahren im Bereich der stationären und ambulanten Altenpflege engagiert. Stationen der beruflichen Laufbahn waren unter anderem Tätigkeiten als freiberufliche Trainerin und als Leitung des sozialtherapeutischen Bereiches einer großen Altenpflegeeinrichtung. Aktuell tätig in einem Klinikverbund im Bereich der Organisationsentwicklung mit dem Schwerpunkt Qualitätsmanagement.

Dank

Ohne die AltenpflegerInnen, anderen KollegInnen und vor allem die alten Menschen wäre dieses Buch nicht zustande gekommen. Daher geht mein besonderer Dank an alle KollegInnen, von denen ich in der gemeinsamen Arbeit viel lernen durfte und an die vielen alten Menschen, die mir ihr Vertrauen geschenkt haben. Dieser Dank gilt insbesondere den MitarbeiterInnen und BewohnerInnen der Taunus Residenzen in Bad Soden am Taunus.
Für die tatkräftige Unterstützung während des Schreibens des Buches danke ich Frau Edda Schmidt-Bambach.

Inhaltsverzeichnis

Der Pflegeauftrag
Beratung

1

1

Fallbeispiel

Die 82-jährige Frau Müller lebt seit 2 Wochen im Haus Sonnenblick, einem Altenpflegeheim. Nach ihrem Oberschenkelhalsbruch konnte sie nicht mehr nach Hause zurück. Sie kam direkt vom Krankenhaus in das Heim, ohne noch einmal in ihre Wohnung gehen zu können. Ihre Tochter hatte alles für den Umzug ins Heim arrangiert und jetzt wird ihre Wohnung endgültig aufgelöst. Seitdem ihre Kinder das letzte Mal zu Besuch kamen und ihr noch ein paar wenige Dinge aus der Wohnung gebracht haben, hat sich Frau Müller sehr verändert: Sie liegt jetzt am liebsten im Bett, therapeutische Angebote lehnt sie ab, trinkt und isst nur noch wenig.

Ob durch den Heimeinzug, durch die Isolation, durch das Gefühl der Abhängigkeit, durch den Verlust nahe stehender Personen – alte Menschen sind vielfach in Situationen, in denen eine professionelle Beratung erforderlich wird. Die AltenpflegerInnen sind die zentralen Bezugspersonen für die alten Menschen und sind somit meist zuerst mit den Problemen der Betroffenen konfrontiert. Da alte pflegebedürftige Menschen vielfach nicht mehr die Möglichkeit haben, die Problemsituation alleine zu bewältigen, brauchen sie von den in der Altenpflege Tätigen Unterstützung, Hilfe, Rat und Information, d. h. sie brauchen **Psychosoziale Beratung**.

Übung

Mit welchem psychosozialen Problem eines alten Menschen sind Sie zur Zeit konfrontiert? Notieren Sie sich dazu die wesentlichen Fakten anhand der folgenden Fragen:

- Wie beschreiben Sie das Problem?
- Wie haben Sie bis jetzt auf das Problem reagiert?
- Haben Sie bereits ein oder mehrere Gespräche geführt, in denen das Problem besprochen wurde? Wie würden Sie diese Gespräche beschreiben?
- Ist bereits eine Lösung in Sicht und wenn ja, wie sieht diese aus?

1.1 Psychosoziale Beratung

1

„Psychosozial" bedeutet eine Vermittlung zwischen individueller, persönlicher Auffassung und Eigenständigkeit auf der einen Seite und gesellschaftlichen Wahrheiten und Werten auf der anderen Seite. Einfach gesagt: Es geht dabei um die **Seele** im Zusammenspiel mit der **Gesellschaft**. Psychosoziale Beratung geht von dem Menschen in seiner speziellen sozialen Lebenssituation aus und hat das Ziel, die daraus resultierenden akuten Schwierigkeiten und **Probleme zu bewältigen**.

1.1.1 Professionalität

Beratung kann immer und überall stattfinden – in der Familie, zwischen Freunden, im Beruf.

 Jede Kommunikation zwischen Menschen enthält dann Beratungsmomente
- wenn ein Problem thematisiert wird
- dabei implizit oder explizit Hilfestellung angeboten wird
- Fähigkeiten und Informationen vermittelt werden, die die Handlungs- und Entscheidungskompetenz erhöhen.

Wenn z. B. ein Freund bei Problemen zuhört oder eine erfahrene Kollegin Tipps gibt, so spricht man im Allgemeinen von einer **Alltagsberatung**.

Im Unterschied zur Alltagsberatung basiert die **professionelle Beratung** auf einer konkreten Auftrags- bzw. Vertragsgrundlage. Durch diese Grundlage ist sowohl die Haltung (ethische Prinzipien, z. B. Schweigepflicht) und die Kompetenz der BeraterIn festgelegt. Zum Beispiel wird eine BeraterIn in einer Erziehungsberatungsstelle die fachliche Kompetenz besitzen müssen, sich zu Erziehungsfragen zu äußern. Desweiteren sind Dauer und Bezahlung der Beratung vereinbart.

Auch die Beratung in der Altenpflege basiert auf einer solchen Grundlage, denn der Pflegeauftrag, den die AltenpflegerInnen zu

1

erfüllen haben, schließt die Beratung der alten Menschen mit ein. Wenn z. B. eine AltenpflegerIn mit einem alten pflegebedürftigen Menschen spricht, der Probleme mit seinen Kindern hat, oder wenn sie bei der Auswahl eines Hilfsmittels Information und Rat gibt, so geschieht dies innerhalb des Pflegeauftrags, der ebenfalls mit einem Vertrag festgelegt wird. Schließlich zahlen die alten Menschen für die Leistung, die sie erhalten.

Während in der Alltagsberatung der Zufall eine große Rolle spielt und der Zusammenhang von Absicht und Wirkung nicht durchschaubar ist, zeichnet sich die professionelle Beratung durch Sorgfalt, Intensität, Verbindlichkeit, Absicht und nicht zuletzt durch die Kompetenz der BeraterIn aus.

- Die **Sorgfalt** der BeraterIn zeigt sich in dem Maß der Vorbereitung, ihrer Aufmerksamkeit der KlientIn gegenüber und dem Einsatz ihrer Kompetenzen
- **Intensität** bedeutet die Bereitschaft, Konzentration und Kraft für die Beratung einzusetzen
- Das Eingehen der Beratungsbeziehung ist für die BeraterIn **verbindlich,** d. h. dass eine Beratung auch bis zum Ende durchzuführen ist und nur aus wichtigen Gründen abgebrochen werden darf
- Die **Absicht** der BeraterIn muss sich in dem Einsatz ihrer Methoden und Techniken widerspiegeln
- **Beraterkompetenz** zeigt sich in dem fachlichen Wissen um Beratung und Kommunikation, in dem Beherrschen von Methoden und Techniken und der Möglichkeit ihres Einsatzes. Ferner wird die Kompetenz der BeraterIn durch ihre Grundhaltung den KlientInnen gegenüber erkennbar.

Psychosoziale Beratung in der Altenpflege ist professionelle Beratung. Das bedeutet aber gleichzeitig, dass AltenpflegerInnen, aber auch andere „HelferInnen" wie SozialpädagogInnen, SozialarbeiterInnen, TherapeutInnen u. a., über entsprechende Kompetenzen verfügen müssen, damit der Pflegeauftrag professionell ausgefüllt wird. Jeder kann diese Kompetenzen erlangen, der bereit ist, sich persönlich und fachlich weiterzuentwickeln, z. B. durch:

1

- Fort- und Weiterbildung
- Lesen von Fachliteratur
- Reflexion der beruflichen Tätigkeit.

■ *Die liebe Zeit*

„Wie soll ich denn noch professionell beraten, ich habe doch jetzt schon wenig Zeit für die alten Menschen?" Diese Frage wird vielen wahrscheinlich schon in den Kopf gekommen sein. Die Qualität der Beratung ist jedoch nicht nur von der Zeit abhängig, sondern auch von der beraterischen Kompetenz der AltenpflegerIn. Ein gutes Beratungsgespräch ist außerdem nicht unbedingt ein langes Gespräch und das lange Gespräch ist kein Garant für den Erfolg. Im günstigsten Fall kann das fachliche Wissen und der gezielte Einsatz von Techniken und Methoden in kürzerer Zeit zu einem befriedigenden Ergebnis führen.

 AltenpflegerInnen, die offen sind, die Beratungsmethoden und Gesprächstechniken zu erlernen und einzusetzen, stärken die Kompetenzen der alten Menschen und gleichzeitig ihre eigene Kompetenz und Professionalität.

Zeitdruck erzeugt Zeitnot erzeugt Zeitdruck erzeugt Zeitnot …

Auszug aus einem Interview mit einer AltenpflegerIn:
„Das ist der Druck, unter dem man arbeitet [...]. Man hat immer nur im Hinterkopf ‚Wir sind nur zu dritt [...] und du musst die Arbeit schaffen.' Das beginnt dann für den Bewohner schon mit Stress [...]."

Zeitdruck ist ein subjektives Empfinden des nur begrenzten Zeitvorrats. Je mehr ein Mensch unter Zeitdruck steht, desto eher wird er Zeitnot erleben und schlechter verarbeiten können. Menschen, die ständig das Gefühl haben, sie stünden unter Zeitdruck werden ihre Aufgaben weniger effektiv angehen können. Wenn man etwas besonders schnell erledigen will, gelingt es einem meistens nur schlecht. Durch den Zeitdruck vergisst man, wird ungeduldig und unkonzentriert – insgesamt braucht man länger, als wenn man es alles mit der gebotenen Ruhe erledigt hätte.

 Tipps für die Praxis

▶ Die Einstellung zur Zeit ist entscheidend dafür, wie sie erlebt wird. Wer seine Zeitnot toleriert und nicht ständig darüber spricht, wird sich selbst und andere nicht ständig unter Zeitdruck setzen

▶ Menschen, die nur mal kurz etwas wissen wollen, dann aber eine halbe Stunde bleiben, sind Zeitdiebe. Diesen begegnet man am besten, in dem man eine klare Zeitvorgabe macht. Wenn sich längere Gespräche abzeichnen, besser einen Termin für einen späteren Zeitpunkt vereinbaren, allerdings auch hier mit einer klaren Zeitvorgabe

▶ Im Umgang mit älteren Menschen, die dem Empfinden nach zuviel Zeit beanspruchen, hilft die Analyse, welche Faktoren dazu führen

▶ Aufgaben zu ordnen, ist effektiver als alles „durcheinander" zu erledigen. Auch wenn im Alltag vieles nicht planbar ist und jeder Tag etwas Neues bringt, sind bestimmte wiederkehrende Tages- und Wochenaufgaben zu „blocken"

▶ Schneller als man denkt, hat man zusätzliche Aufgaben. Dann lieber „Nein" sagen zu einer zusätzlichen Aufgabe, als dadurch noch zusätzlich unter Druck zu geraten

▶ Je höher die Motivation und die Freude für eine Aufgabe, desto effektiver wird sie erledigt.

1.1.2 Funktionen Psychosozialer Beratung

Psychosoziale Beratung hat gleichzeitig mehrere Funktionen zu erfüllen. Je nach Thema oder Problemlage der Betroffenen kann der Schwerpunkt unterschiedlich liegen.

● **Informationsvermittlung und -austausch:** Beratung hat einen informativen Charakter. Heutzutage ist es leider häufig so, dass Beratung in der Altenpflege oftmals noch als reine Informationsvermittlung missverstanden wird

- **Rat erteilen:** Allgemein hat Beratung einen vorschlagenden Charakter. Wichtig hierbei ist, dass der Vorschlag der BeraterIn sowohl abgelehnt als auch angenommen werden kann. Für die Psychosoziale Beratung gilt, sich mit Ratschlägen zurückzuhalten. Vorrang haben die Lösungen, die der Klient selbst mit Hilfe der BeraterIn entwickelt
- **Zur Reflexion anregen:** Beratung soll zum Nachdenken und zum Überdenken bestimmter Themen und Probleme anregen
- **Zur Aktion anregen:** Beratung hat ein aktives Moment. Sie ist vor allem lösungsorientiert und soll Hilfestellung bieten, wieder aktiv handeln und entscheiden zu können
- **Stützen:** Beratung hat einen stützenden Charakter. D. h. vor allem, dass es gefordert sein kann, eine Entscheidung zu bestätigen oder jemanden in einer problematischen Situation zur Seite zu stehen.

Beratung hat insgesamt eine „Hebammenfunktion" und somit einen unterstützenden Charakter, der die Hilfe zur Selbsthilfe ermöglicht!

1.1.3 Probleme verstehen

„Weil ich die Tür zugeschlagen habe, gab es einen lauten Knall!": In der dinglichen Welt sind Kausalitäten einfach abzugrenzen. Die Darstellung des Zusammenhanges von Ursache (ich schlage die Tür zu) und Wirkung (es gab einen lauten Knall) durch das Wort „weil" ist sinnvoll und nachvollziehbar. Bei der Suche nach Beweggründen von Menschen für ihr Verhalten und ihr Handeln, ist ein solches einfaches „weil" jedoch oftmals nicht unbedingt angemessen.

Psychosoziale Beratung in der Altenpflege muss Abstand nehmen von dem herkömmlichen Problemdenken, das sich zumeist auf die Störungen des Einzelnen bezieht. Vielmehr legt die BeraterIn den Schwerpunkt ihrer Aufmerksamkeit auf den Zusammenhang, die Wechselwirkungen und die Muster, in denen das Problem sich

zeigt. Das heißt, um etwas oder jemanden zu verstehen, muss man
die Ganzheit – das System – sehen und in den Beratungsprozess
einbeziehen. Denn betrachtet man nur einen „herausgelösten Teil",
gibt dieser nur wenige oder falsche Informationen über das Ganze.
Und so ist das herkömmliche lineare Denken in Ursache und
Wirkung bei einfachen Zusammenhängen vielleicht sinnvoll;
menschliche Beziehungen, in denen sich menschliche Probleme
widerspiegeln, können durch die Frage nach dem „Warum?"
jedoch nur unzureichend verstanden werden.

Daher wird in diesem Kapitel der Unterschied zwischen linearen
Erklärungsmodellen und der systemischen Sichtweise gezeigt und
dargelegt, warum die systemische Perspektive für die Beratung von
Vorteil ist.

■ Lineare Erklärungsmodelle

Unser **Denkschema** von **Ursache und Wirkung** – das Denken in
Kausalketten – verführt dazu, Lösungen zu bevorzugen, die kurz-
fristig betrachtet Probleme zu lösen scheinen.

Fallbeispiel

*In der Übergabe erzählt Altenpfleger Lars: „Seit Frau Köster bei
uns ist, ist bei den ganzen Mahlzeiten der Tagesraum total unruhig.
Sie bringt alles durcheinander. Am einfachsten wäre es, wenn sie im
Zimmer essen würde."*

Die Suche nach der Ursache endet oftmals damit, dem Sündenbock-
phänomen zu erliegen: irgendjemand oder irgendetwas muss doch
Schuld sein an dem Problem und wenn der Schuldige erst einmal gefunden ist, dann wird man das Problem auch lösen können. Altenpfleger Lars hat in kausaler Weise den „unruhigen Tagesraum" auf Frau
Kösters Verhalten zurückgeführt. Somit liegt für ihn die Schlussfolge-
rung nahe: Wenn Frau Köster den Tagesraum verlässt, werden die anderen BewohnerInnen wieder in Ruhe essen können. Solche linearen
Erklärungen, die Situationen nur aus einem Faktor heraus erklären,
können jedoch bewirken, dass wesentliche Elemente und Aspekte
außer Acht gelassen werden. Es gibt drei Modelle linearer Erklärungen:

Eigenschaftsmodell
Menschliches Handeln ist durch relativ stabile Eigenschaften geprägt. Z. B. würde man aggressives Verhalten dadurch erklären, dass die Aggressivität eine relativ stabile Eigenschaft ist und sie sich somit wenig verändern wird. Aus biographischen Fakten würde man das gezeigte Verhalten ableiten und für nicht veränderbar erklären.

Maschinenmodell
Menschen funktionieren wie Maschinen, d. h. sie sind steuer- und veränderbar, wenn man die entsprechenden Verhaltengesetze kennt. Grundlage für diese Veränderbarkeit ist das Reiz-Reaktions-Schema. Die Aggressivität der BewohnerIn wird dann verstanden als Reaktion auf einen bestimmten Reiz, z. B. das Verhalten der AltenpflegerIn.

Handlungsmodell
Menschen sind handelnde Subjekte und reagieren nicht auf äußere Reize. Das Verhalten hängt ab von den Gedanken, persönlichen Zielen und Absichten sowie Einstellungen. Aufgrund der subjektiven Deutung der Welt zeigt der Mensch bestimmte Verhaltensweisen. Demnach kann eine BewohnerIn den Heimaufenthalt als Bedrohung und Gefangenheit deuten und entsprechend ihrer Deutung den dortigen Menschen mit Ablehnung begegnen.

Betrachten wir noch einmal die angedachte Lösung von Altenpfleger Lars, so wird deutlich, dass diese langfristig und bei Betrachtung des „Ganzen" das Problem in seiner Entwicklung noch verschlimmern kann. Die angedeutete „Lösung" im Fallbeispiel Frau Köster könnte so z. B. folgende Dynamik nach sich ziehen:
- Frau Köster würde der Isolation ausgesetzt sein und versuchen, durch „störendes Verhalten" neue Aufmerksamkeit auf sich zu ziehen. Daraufhin wären die Pflegepersonen noch ratloser und die Begegnungen mit Frau Köster würden sich schwieriger gestalten
- Andere BewohnerInnen würden Angst bekommen, auch solche „Form von Strafen" zu erhalten. So würden diese – in ihrem „Personsein" eingeschränkt – vielleicht unruhig werden, weil sie nicht mehr einschätzen könnten, welches Verhalten „richtig"

1

oder „falsch" ist und ob beim Pflegepersonal „Strafen" zu be-
fürchten sind.

■ Systemischer Ansatz

Im Gegensatz zu diesen linearen Modellen erweitert der systemische Ansatz die Perspektive der BeraterIn und gleichzeitig die des
alten Menschen. Im Mittelpunkt des Interesses steht der Mensch im
Zusammenhang seiner bedeutsamen Beziehungen.
Es gibt vor allem zwei Gründe, weshalb der systemische Ansatz in der
Psychosozialen Beratung alter pflegebedürftiger Menschen hilfreicher ist als die oben gezeigten herkömmlichen Erklärungsmodelle:

1. **Die Problemsituationen des alten Menschen sind weder auf
   eine Ursache zurückzuführen noch sind die Wirkungen eines
   Problems vorauszusagen.**
   So kann die Inkontinenz einer alten Dame durch vielfältige Faktoren beeinflusst sein: Blasenschwäche, mangelnde Mobilität, das
   Schamgefühl oder auch die nicht behindertengerechte Toilette
   können bewirken, dass es zu dem Problem kommt. Wenn man nur
   eine dieser Faktoren isoliert in Betracht zieht, wird die Lösung des
   Problems vermutlich nicht gelingen. Denn diese verschiedensten
   Faktoren stehen wiederum untereinander in Wechselwirkung und
   können ebenso weitreichende Folgen und Wirkungen haben. So
   kann es sein, dass die alte Dame nur wenig trinkt, schmutzige Wä-
   schestücke versteckt und ihre geistige Orientierung beeinträchtigt
   ist. Es sind fast unendlich viele Wechselwirkungen und Verknüp-
   fungen möglich, würde man das Beispiel noch weiter „spinnen".

2. **Der alte pflegebedürftige Mensch ist durch zirkuläre
   Beziehungen in ein soziales System (Familie, Nachbarschaft,
   Altenheim, AltenpflegerInnen, MitbewohnerInnen,
   Angehörige etc.) eingebunden.**
   Alte Menschen leben nicht isoliert, denn sie sind – auch wenn sie
   mittlerweile alleine oder in einem Pflegeheim leben – in soziale Sys-
   teme eingebunden. Zum Beispiel kann sich in dem System Familie
   das Problem eines alten Menschen auf ganz eigene Weise zeigen: So

kann die Beziehung zwischen einer alten pflegebedürftigen Dame und ihrer Tochter, die schon immer sehr besorgt war und noch immer unter einem schlechten Gewissen leidet, Einfluss auf die Beziehungsgestaltung zwischen der alten Dame und den AltenpflegerInnen haben. So ist die Tochter vielleicht besonders kritisch und misstrauisch gegenüber den AltenpflegerInnen und die alte Dame ist hin- und hergerissen zwischen den Ansprüchen ihrer Tochter und ihren eigenen Wünschen. Viele Probleme lassen sich deshalb besser bearbeiten, wenn das soziale System miteinbezogen wird.

In der Psychosozialen Beratung wird versucht, zum einen das Problem aus der Sicht des Betroffenen selbst zu ergründen und es zum anderen im Kontext des gesamten Systems zu betrachten (☞ 1.1).

Wie entstehen Probleme?

Fallbeispiel

Frau Schmidt ist mit der Pflege und Betreuung sehr unzufrieden. Die Stimmung zwischen ihr und den meisten AltenpflegerInnen des Wohnbereiches ist sehr gespannt. Sie beschwert sich regelmäßig bei den „Schwestern" über deren wenige Zeit und über andere Dinge. Die AltenpflegerInnen sind nach anfänglicher Freundlichkeit mittlerweile etwas frustriert und ziehen sich zurück. So unterhalten sie sich im Kollegenkreis und finden alle, dass Frau Schmidt wirklich viel meckert, obwohl alle versuchen, es ihr recht zu machen. Wenn der Ehemann von Frau Schmidt zu Besuch kommt, erzählt seine Frau ihm häufig, dass alles nicht so ist, wie sie sich das vorgestellt hat. Nachdem sie sich heute von Altenpfleger Hannes, der ungern zu ihr geht, ungerecht behandelt gefühlt hat, sucht sie zusammen mit ihrem Ehemann den Heimleiter auf. Sie erzählt ihm, dass alle Schwestern und Pfleger unfreundlich sind und sie hier unter diesen Umständen nicht bleiben will.

Werden bestimmte Situationen, Ereignisse oder auch Gedanken von Menschen als beunruhigend oder störend wahrgenommen,

spüren sie dies zunächst als **Leidensdruck** in ihrer eigenen Erlebniswelt: Frau Schmidt empfindet Unzufriedenheit.

Aus systemischer Sicht kann durch die **Mitteilung dieser Wahrnehmung** sowohl auf psychischer als auch auf sozialer Ebene ein
Problem entstehen: Frau Schmidt zeigt ihre Wahrnehmung durch
ihr Verhalten und ihre verbale Kommunikation, wenn sie z. B.
ihrem Mann erzählt, dass sie sich nicht wohl fühlt oder sich bei den
AltenpflegerInnen beschwert.

Ein Problem zeigt sich dann in einer Kommunikation oder in
einem Verhalten (☞ 2.1), wenn etwas als unerwünscht und
veränderungsbedürftig gewertet und gleichzeitig für veränderbar gehalten wird.

Es ist davon auszugehen, dass der Leidensdruck, der zum Problem
wird, sich in jedem Verhalten zeigen kann, ohne dabei explizit verbal mitgeteilt werden zu müssen. Jedoch bedeutet dieses Problemverständnis nicht, dass dem subjektiven Leiden (z. B. Schmerzen)
weniger Bedeutung beigemessen wird und es so als weniger
schlimm erachtet wird.

Die systemische Literatur zeigt einen durchaus eingängigen Entwicklungsprozess von Problemen auf (nach Schlippe und Schweitzer):

Das Problem wird entdeckt

Frau Schmidt und vielleicht auch die anderen Beteiligten sind in der
Beobachtung der Situation zu dem Schluss gekommen: „Hier ist etwas nicht in Ordnung!" Dieser Schluss wird selten bewusst gezogen.
Ein Problem wird dann entdeckt, wenn jemand in der Beobachtung
des Verhaltens anderer Menschen oder seines eigenen zu der Idee
kommt, „Etwas stimmt nicht!"

Eine problembedingte Kommunikation entsteht

Durch die Interaktion und den sprachlichen Austausch wurde das
Gefühl „Hier stimmt etwas nicht" in Worte gekleidet: „Die Pflege
ist schlecht." So kann sich das Problem schnell zwischen allen Be-

teiligten verbreiten. Auf diese Weise wurde das Problem im Beispiel von Frau Schmidt zum hauptsächlichen Inhalt der Beziehungen der beteiligten AltenpflegerInnen und dem Ehemann. Die Aufmerksamkeit von Frau Schmidt, den AltenpflegerInnen und dem Ehemann von Frau Schmidt bezieht sich im schlimmsten Fall nur noch auf das, was eben nicht in Ordnung ist.

Erklärungen für das Problem werden gefunden
Die Beteiligten suchen und finden für sich eine Erklärung für das Problem. Die Erklärung wird so einleuchtend sein, dass sie diese nicht so schnell wieder aufgeben werden. Gleichzeitig scheint aufgrund dieser Erklärung ein Ausweg aus dem Problem kaum möglich. Einige weitere Erklärungen, die den Charakter der Ausweglosigkeit zeigen, sind:
- Erklärungen, die darauf aufbauen, dass bestimmte Erlebnisse aus der Vergangenheit den aktuellen Problemverlauf bedingen. Z. B. denken die Pflegenden, dass Frau Schmidt ihr Leben lang für andere da war und nun erscheint ganz klar, dass sie erwartet, dass auch ihr alle immer sofort helfen. Solche Erklärungen führen die Beteiligten dazu, Lösungen nicht anzustreben: Das, was früher war, können wir ja nicht mehr ändern. Es sind folglich Erklärungen, die alle Beteiligten als hilflos erklären, so dass die Lösungsmacht bei denen liegt, auf die man keinen Einfluss zu haben glaubt. Wie in den Beispielerklärungen oben erklären sich sowohl Frau Schmidt als hilflos, denn sie kann nichts daran ändern, dass Pflegeheime furchtbar sind, als auch die Pflegenden, die ebenfalls glauben, keinen Einfluss zu haben
- Erklärungen, die eine Person zum Schuldigen erklären. Ein vielfältiges zwischenmenschliches Problem wird so zur Eigenschaft eines Beteiligten, der das Problem nicht lösen kann. Beispiele: „Die AltenpflegerInnen sind unfähig." „Frau Schmidt lässt alle immer nach ihrer Pfeife tanzen."

Das Problem verfestigt sich durch das Verhalten
Die Erklärungen der Beteiligten schlagen sich in ihrem Verhalten nieder. Sie verhalten sich unaufhörlich so, als ob es keinen Ausweg aus der Situation gäbe oder als sei die Lösung ausschließlich in der

1

Hand einer anderen Person. Wenn Frau Schmidt z. B. für sich die
Erklärung gefunden hat, dass das Pflegeheim entsetzlich ist, wird
sie sich weiterhin darüber beschweren und die AltenpflegerInnen
werden sich weiterhin mehr zurückziehen. Ihre Erklärung bestätigt
sich ständig durch ihr Verhalten und das Verhalten der anderen. So
kann auch die Lösung des Problems nur in der Hand des Heim-
leiters liegen. Die Beteiligten selbst können sich nicht mehr aufeinander zu bewegen, um das Problem gemeinsam zu lösen.

System – Teil und Ganzes

Ein System kann zum Beispiel sein: Familie, Team, Ehepaar, Orga-
nisation, Problem, Krankheit. Die einzelnen Systemmitglieder sind
„Teile" des Systems und das „Ganze" ist nach außen abgrenzbar. In
der Familie Meier sind z. B. Frau Meier, Herr Meier, Klara und Mat-
thias einzelne Teile des Systems Familie und sie sind von anderen
Familien und ihrer gesamten Umwelt klar abzugrenzen.
Ein **System** entsteht dann, wenn ein **Beobachter** eine **Unterscheidung** trifft, zwischen den Teilen, die **innen** (also Teile des Systems)
sind, und den Teilen, die **außen** (also nicht Teile des Systems) sind.
Diese Unterscheidung ist immer eine willkürliche und somit sub-
jektiv. Der Standpunkt bestimmt die Perspektive und die individuelle Wirklichkeit. Ein Beobachter kann z. B. die Unterscheidung
„Geschwister" oder „Eltern" treffen und kommt so zu unterschiedlichen Abgrenzungen und unterschiedlichen Systemen.
Während ein „nichtlebendes System", z. B. eine Maschine, durch
Schrauben oder Schweißnähte zusammengehalten wird, sind die
Teile des lebenden Systems durch Beziehungen miteinander ver-
bunden. Aufgrund dieser Beziehungen stehen die einzelnen Teile in
wechselseitiger Abhängigkeit. In diesem Sinne ist ein System mehr
als die Summe seiner Teile.

Zirkularität – alles steht im Zusammenhang

Das systemische Denken zeichnet sich im Gegensatz zum linearen
Denken durch die Zirkularität aus. Der Unterschied zwischen
diesen beiden Denkweisen ist im Grunde genommen so einfach zu
begreifen wie der Unterschied zwischen einer Geraden und einem
Kreis (☞ 2.1.1).

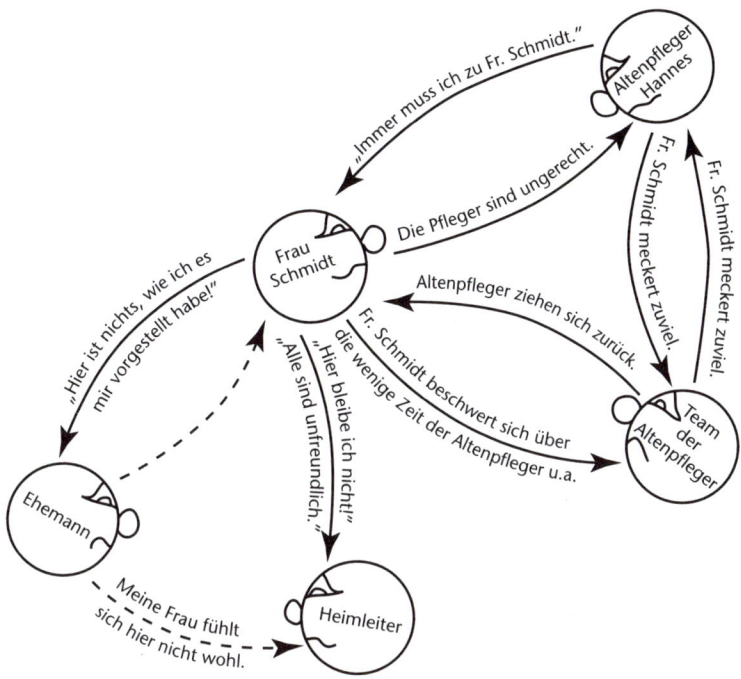

Abb. 1: System & Zirkularität „im Fallbeispiel Frau Schmidt".

Ein Beispiel für einen sehr einfachen kreisförmigen Prozess ist das Gespräch zwischen zwei Menschen: Holger sagt etwas zu Britta, Britta antwortet, worauf Holger wiederum reagiert. Jede Aussage des einen beeinflusst die des anderen. Zwischen ihnen besteht ein **zirkulärer Prozess der Rückmeldung.** Diese Rückkopplungsschleifen machen eine lineare Betrachtungsweise der Ereignisse unmöglich.

Entscheidend in Bezug auf das Denken in Kreisläufen ist, dass man sich von der Frage nach dem Warum verabschiedet. Bei der Problembetrachtung verliert es weitgehend an Wichtigkeit, **warum** ein Problem entstanden ist. An Bedeutung gewinnt dafür, **wie** das Problem sich gestaltet.

Im Umkreis von Problemen entstehen ganz eigenständige Systeme, die aus den wechselseitigen Interaktionen der Beteiligten bestehen. So werden Probleme nicht verstanden als Merkmale einzelner Menschen, Teams, Gruppen oder Organisationen, sondern als Folge einer Verknüpfung von Schwierigkeiten.

Übung
Wie könnte der Heimleiter im Gespräch mit Frau Schmidt reagieren, um diesen Kreislauf zu durchbrechen?
Wesentlicher Teil des Beratungsprozesses ist, sowohl die Beteiligten als auch die Beziehungsmuster zu identifizieren, die an dem Zustandekommen des Problems beteiligt waren.

1.1.4 Psychosoziale Beratung im Unterschied zu Therapie

Psychosoziale Beratung ist nicht gleichzusetzen mit einer Therapie. Trotzdem verläuft der Übergang von Beratung zu Therapie fließend. Eine genaue und strikte Abgrenzung ist weder möglich noch sinnvoll. In der Beratung geht es um eine Bewältigung von akuten Schwierigkeiten und Problemen, die von den betroffenen Menschen als belastend und schwer lösbar empfunden werden. Die Ausgangsituation liegt in der Beratung dabei **nicht** in pathologischen Störungen.

	Beratung	Therapie
Anlass	Akute Schwierigkeiten und Probleme, die als belastend und schwer lösbar empfunden werden	Chronisch gewordene Schwierigkeiten und Probleme. Der **Problemdruck** ist zum Leidensdruck geworden. Das Problem wird als unlösbar empfunden

1

	Beratung	Therapie
Ziel	Wiederherstellung der **personalen und sozialen Kompetenz** und Bereitschaft zur Auseinandersetzung und zum Handeln	Neuaufbau der Person, d. h. die therapeutische **Behebung von pathologischen Störungen** im Erleben und Verhalten

Die Fähigkeiten und Fertigkeiten, durch die der Mensch mit den vielfältigen Anforderungen der Umwelt (☞ 3) sicher umgehen kann, zeigen seine **soziale Kompetenz**. Die soziale Kompetenz zeigt sich also an der Art, wie er z. B. auf berufliche Anforderungen, familiäre Anforderungen oder zwischenmenschliche Konflikte reagiert. Die **personale Kompetenz** eines Menschen drückt sich aus in dem Streben nach den Erfahrungen, die

- ihm seine eigene Bedeutung („den Sinn des Lebens") zeigen
- ihm zeigen, dass er gebraucht wird
- ihm die Folgen seines eigenen Handelns aufzeigen.

 Personale und soziale Kompetenz verbinden sich dann, wenn der Mensch nicht nur sicher mit den Anforderungen umgehen kann, sondern er seinen Umgang mit den Anforderungen auch als sicher erlebt und erfährt.

1.2 Einsatz der Psychosozialen Beratung in der Altenpflege

Beratung ist Teil der pflegerischen Hilfeleistungen und in das pflegerische Handeln eingebettet. Nach Karla Kämmer umfasst die prinzipielle **pflegerische Hilfeleistung** folgendes:

- Im Interesse des Pflegebedürftigen handeln
- Für eine fördernde Umgebung sorgen
- Den Pflegebedürftigen begleiten und fördern
- Den Pflegebedürftigen **beraten** und anleiten.

Folgende Teilziele werden dabei verfolgt:
- Erhalten
- Fördern und Befähigen
- Stabilisieren und Unterstützen beim Wiedererlangen von Wohlbefinden und Selbstbestimmung.

Die KlientInnen in der Psychosozialen Beratung

Die „Psychosoziale Beratung in der Altenpflege" ist ein auf die spezifische Klientel – eben auf alte Menschen und ihre Begleiter – angepasstes Modell. Es lässt sich dann erfolgsversprechend anwenden, wenn die alten Menschen noch in der Lage sind, sich kognitiv (verstandesmäßig) mit den Anforderungen, die sich aus ihrer Problemsituation ergeben, auseinanderzusetzen (☞ 4. 2).

 Die alten Menschen, denen eine solche Beratung mit aktiver und anregender Funktion (☞ 1.1.2) und lösungsorientierter Ausrichtung angeboten wird, sollten zumindest weitgehend orientiert sein (zu Person, Situation und Ort) und keine allzu gravierenden Einschränkungen des Kurzzeitgedächtnisses haben. Das bedeutet nicht, dass eine Psychosoziale Beratung sinnlos ist, nur wenn ein alter Mensch schon einmal etwas vergisst.

Bei alten Menschen, die gravierende kognitive Einschränkungen aufweisen oder aber psychisch erkrankt sind, kann diese Form der Beratung nur eine stützende Funktion ausüben. Entsprechend sind dann auch nur stützende Gesprächstechniken einzusetzen, z. B. Zuhören und Spiegeln (☞ 2.2), da sich diese Techniken eher auf die emotionale (gefühlsmäßige) Ebene und weniger auf die kognitive (verstandesmäßige) Ebene beziehen.

Begriffsdefinition
Der Begriff „kognitiv" bezieht sich auf die psychischen Verstehensprozesse, mittels derer Menschen Kenntnis von sich selbst und von ihrer Umwelt erhalten. In der kognitiven Entwicklung eines Menschen bilden sich Denkstrukturen, mit deren Hilfe er seine Funktionen wie Wahrnehmung, Orientierung, Urteilen, Denken, Erkennen herausbildet.

Zu den kognitiven Fähigkeiten des Menschen gehören seine Sprache, Intelligenz, Lernfähigkeit und das Gedächtnis.

1.2.1 Information und Beratung

Information und Beratung ist im gesamten Pflegeprozess gefordert. Allerdings ist die Funktion der Beratung (☞ 1.1.2) je nach Lebensbereich verschieden. In den eher physischen Lebensbereichen, z. B. „Essen und Trinken", werden vor allem Informationen vermittelt und zu weiteren Handlungen angeregt. Diese Beratung kann als Fachberatung verstanden werden.

■ Fachberatung

In der Fachberatung liegt der Schwerpunkt vor allem auf der Informationsvermittlung. Im Vordergrund steht hierbei das **fachliche Wissen** der AltenpflegerIn zu einem bestimmten Thema, z. B. zu Hilfsmitteln, Diätfragen oder medizinischen Fragestellungen, um angemessene **Ratschläge geben** zu können. Auf der Seite der alten Menschen, oder auch der Angehörigen, stehen meist konkrete Fragestellungen, z. B.: „Auf was muss ich beim Kauf eines Hilfsmittels achten?"

Fallbeispiel
Frau Schneider ist nach ihrem Schlaganfall rechtsseitig gelähmt. Mittlerweile hat sie gelernt, mit der linken Hand zu essen und zu trinken. Nur Suppe essen fällt ihr schwer, so dass die AltenpflegerInnen ihr das Essen anreichen müssen. In einem Gespräch mit Frau Schneider informiert Altenpfleger Klaus über Möglichkeiten, wie sie Suppe auch ohne seine Hilfe essen könnte. Er schlägt vor, einen behindertengerechten Löffel zu kaufen. Mit dem Einverständnis von Frau Schneider veranlasst er den Kauf des Löffels.

Im Beispiel von Frau Schneider hat der Altenpfleger sein Fachwissen an die alte Dame weitergegeben, gleichzeitig einen Ratschlag erteilt und den Kauf des Löffels veranlasst. Er war in der Beratungssituation „Fachmann für Hilfsmittel" und konnte Frau Schneider so unterstützen.

1

■ Psychosoziale Beratung (Prozessberatung)

Die Psychosoziale Beratung ist hingegen eine Form der Prozessberatung. Dabei geht es um eine Entwicklung (Prozess) des alten Menschen, an deren Ende (bei Erfolg) die Bewältigung der akuten Schwierigkeiten steht (☞ 1.4). Besonders wichtig dabei ist, dass die Lösung nicht von außen vorgegeben wird. Der alte Mensch wird dabei unterstützt, **eigene Problemlösungen** zu finden. Hier liegt die entscheidende Beratungskompetenz im **kommunikativen Bereich**.

Fallbeispiel „Frau Walter" Teil 1
Die 83-jährige Frau Walter trauert um ihren verstorbenen Mann, mit dem sie seit drei Jahren gemeinsam in einem Doppelzimmer in der Altenpflegeeinrichtung gewohnt hat. Sie hat sich zurückgezogen und nimmt nicht mehr am Heimleben teil. Im Gespräch mit der Altenpflegerin Sonja erzählt sie, dass sie Angst davor hat, dass jemand Fremdes in das Zimmer zieht. Sonja bietet Frau Walter ein Beratungsgespräch an, in dem vor allem das Stützen, das Reflektieren und das Aktivieren im Vordergrund steht, damit Frau Walter ihre Wünsche artikulieren kann und zu einer Lösung findet, die für sie akzeptabel ist.

Eine reine Informationsvermittlung wäre für das Beispiel von Frau Walter nicht ausreichend. Sicherlich hätte Sonja vorschlagen können, dass sie in ein Einzelzimmer umziehen kann, aber so wäre Frau Walter mit ihrer Trauer und den daraus resultierenden Ängsten alleine geblieben. Außerdem wäre Frau Walter durch den von außen gegeben Rat insofern nicht geholfen, als es fraglich ist, ob diese Lösung ihrem eigenen Wunsch entsprochen hätte. Sie wäre in eine Entscheidungssituation gedrängt worden, die sie vielleicht gerade in diesem Moment überfordert hätte. Hieran wird einmal mehr deutlich, dass „Lösungen" von den Betroffenen selbst gefunden werden müssen.

Fallbeispiel „Frau Walter" Teil 2
Frau Walter: „Wenn hier nun bald wieder jemand einzieht ...!?"
Altenpflegerin Sonja: „Wäre das sehr schlimm für Sie?"

Frau Walter: „Ich habe hier von Anfang an mit meinem Mann zusammengewohnt. Wir haben uns am Anfang gar nicht wohl gefühlt, aber es ging ja damals nicht anders. Er war ja schon schwer krank und da war das die beste Lösung."

Altenpflegerin Sonja: „Sie haben damals für Ihren Mann die Wohnung aufgegeben? Hätten Sie denn noch alleine leben können?"

Frau Walter: „Ja! Aber ich hätte ihn nie alleine gehen lassen. Wir sind über fünfzig Jahre verheiratet!" (Wischt sich die Tränen weg.)

Altenpflegerin Sonja: (legt Frau Walter die Hand auf den Unterarm und schweigt einen Moment) „Es muss schwer für sie sein, nach so vielen Jahren jetzt alleine zu sein."

Frau Walter: „Es ist sehr schwer. Aber für ihn ist es jetzt bestimmt besser. Und ich muss jetzt sehen, was wird."

Altenpflegerin Sonja: „Wie kann ich Sie unterstützen, Frau Walter? Gibt es etwas, was ihnen jetzt besonders wichtig ist?"

Frau Walter: „Ich möchte niemanden, der durcheinander ist ... können Sie das verstehen? Dann muss ich immer Angst haben um alle meine Sachen. Und wir haben es uns hier doch richtig gemütlich gemacht."

 Psychosoziale Beratung ist in erster Linie Prozessberatung, weil
- die alten Menschen in einer Entwicklung unterstützt werden, eine eigene Problemlösung zu finden
- die AltenpflegerInnen durch ihre kommunikative Kompetenz diesen Entwicklungsprozess bei den alten Menschen anregen, begleiten und unterstützen.

1.2.2 Aktivitäten und existentielle Erfahrungen des Lebens

Das Strukturmodell der **Aktivitäten und existentiellen Erfahrungen des Lebens** (AEDL) wurde von Monika Krohwinkel entwickelt. Es ist eingebettet in das Pflegemodell der „ganzheitlich fördernden Prozesspflege". Das Pflegemodell sieht den Menschen als ganzheitliches Wesen, eingebettet in einen sozialen Zusammenhang

1

(☞ 1.1.3). Pflegerisches Handeln wird verstanden als die Förderung und Unterstützung der Lebensbereiche, die der ältere Mensch alleine nicht mehr bewältigen kann.

Aktivitäten und existentielle Erfahrungen des Lebens

1 Kommunizieren können
2 Sich bewegen können
3 Vitale Funktionen des Lebens aufrechterhalten können
4 Sich pflegen können
5 Essen und trinken können
6 Ausscheiden können
7 Sich kleiden können
8 Ruhen und schlafen können
9 Sich beschäftigen können
10 Sich als Mann oder Frau fühlen können
11 Für eine sichere Umgebung sorgen können
12 Soziale Bereiche des Lebens sichern können
13 Mit existentiellen Erfahrungen des Lebens umgehen können

---

nach dem Modell von Monika Krohwinkel

Monika Krohwinkel betont, dass es eine zentrale Aufgabe von Pflege ist, **Menschen in Krisensituationen hilfreich zu begleiten.** Vor diesem Hintergrund formuliert sie die Aktivitäten „soziale Bereiche des Lebens sichern" und „mit existentiellen Erfahrungen des Lebens umgehen" und bezieht sie in ihr Strukturmodell mit ein. Die Psychosoziale Beratung ist eine Methode, mit der Pflegebedürftige vor allem in den beiden letztgenannten AEDL wirksam unterstützt werden können.

 Psychosoziale Beratung ist vor allem dann erforderlich, wenn die Betroffenen bei der sozialen Sicherung ihrer Lebensbereiche Unterstützung brauchen und wenn sie existenzgefährdenden Erfahrungen ausgesetzt sind.

Exemplarisch werden in Kapitel 3 typische Problemkreise, die sich auf existenzgefährdende Erfahrungen beziehen, in Fallbeispielen bearbeitet.

■ Soziale Bereiche des Lebens sichern

Pflegerische Hilfeleistung in diesem Lebensbereich bedeutet vor allem, die alten Menschen darin zu unterstützen:
- Bestehende Beziehungen aufrechtzuerhalten
- Die Integration in das neue Lebensumfeld „Altenheim" zu fördern.

AltenpflegerInnen können dadurch den alten Menschen vor Isolation und sensorischer Deprivation schützen.

Isolation
Vor allem die Aufrechterhaltung oder auch Wiederherstellung sozialer Beziehungen zu Freunden, Nachbarn und zur Familie sowie die soziale Eingliederung bieten Schutz davor, dass alte Menschen sich isoliert fühlen.

Sensorische Deprivation
Durch einen längeren Mangel, Verlust oder Entzug von Sinnesreizen, z. B. bei reizarmer Wohnraumgestaltung, unzureichenden Beschäftigungs- und Betreuungsangeboten, fehlender Berührung, entstehen psychische Schäden. Bettlägerige sind hierbei besonders gefährdet. Durch eine angemessene Milieugestaltung können die BewohnerInnen vor einer Deprivation geschützt werden.

 Psychosoziale Beratung unterstützt z. B. bei Problemen, die durch den Einzug in ein Heim entstehen, und kann dazu beitragen, mit dem alten Menschen gemeinsam eine für ihn angemessene Milieugestaltung zu erreichen.

1

■ **Mit existentiellen Erfahrungen des Lebens umgehen**

Pflegende können alte Menschen in der Auseinandersetzung mit
existentiellen Erfahrungen, z. B. Verlusten, Isolation und Sterben,
begleiten.
Nach Krohwinkel gibt es aber auch Erfahrungen, die je nach Persönlichkeit und Sozialisation des Betroffenen in beide Richtungen
ausschlagen können, also sowohl die Existenz fördern als auch
gefährden können. Zu solchen Erfahrungen zählen kulturgebunde-
ne Erfahrungen wie Weltanschauungen, Glauben und Religions-
ausübung. Auch hängt die Bedeutung solcher Erfahrungen von der
eigenen Lebensgeschichte des einzelnen Menschen ab.

Psychosoziale Beratung geht auf die Erfahrungen der Betroffenen ein und sucht gemeinsam mit ihnen nach Lösungen (☞ 3).

Abb. 2: Existentielle Erfahrungen des Lebens nach Krohwinkel (modifiziert).

1.3 Der alte Mensch als Partner

Ohne die Verbindung zwischen **Person** und **Kontext** bleibt die Psychosoziale Beratung eine rein handwerkliche Technik auf theoretischer Basis.

Die **Grundhaltungen** sind das Verbindungsstück, das den Blick auf die Beziehung zwischen AltenpflegerIn und altem Menschen lenkt. Das „**In-Beziehung-treten**" von Person und Kontext muss dabei in einer Art und Weise gestaltet sein, die das Herstellen einer hilfreichen Beziehung unterstützt, in der es möglich ist, dass

- der alte Mensch die Bereitschaft zur Selbstexploration entwickeln kann
- partnerschaftlich und lösungsorientiert beraten wird.

Dabei bedeutet Selbstexploration die Bereitschaft der Betroffenen zur Wahrnehmung und Verbalisierung emotionaler Erlebnisinhalte. Das Bewusstmachen inneren Erlebens erweitert das Wissen um das eigene Handeln und Verhalten und legt die Basis zur Überwindung seelischer Krisen.

 Die Grundhaltungen der AltenpflegerIn beeinflussen bei jeder Begegnung – also im gesamten Pflegeprozess – die Beziehungsgestaltung und damit auch die Möglichkeiten von Psychosozialer Beratung.

Die Gefahr, nicht **mit** dem alten Menschen gemeinsam nachzudenken und zu handeln, sondern alleine **für** ihn, ist jederzeit präsent. Fast jeder, der mit alten Menschen umgeht, ob er nun Nachbar, Familienangehöriger, Altenpfleger, Sozialpädagoge oder Therapeut ist, wird schon einmal überfürsorglich gehandelt haben. Diese Überfürsorge kann aber die Hilflosigkeit eines alten Menschen noch zusätzlich verstärken und ihm das Gefühl geben, nichts mehr selbst tun und entscheiden zu können.

Wenn den alten Menschen nichts mehr zugetraut wird, verlieren sie das Vertrauen in sich selbst.

Den alten Menschen als Partner zu sehen, bedeutet ihn ein Stück
des Weges zu begleiten, ohne ihm „alles abzunehmen". Diese partnerschaftliche Verhaltensweise in die Tat umzusetzen, ist in der Praxis kein leichtes Unterfangen.

1.3.1 Funktionale Beziehung

Insgesamt zeichnen sich pflegerische Beziehungen durch ein
Machtgefälle aus, d. h. durch eine **asymmetrische Struktur.** Das
macht diese Beziehung zwischen AltenpflegerIn und altem Menschen so anfällig für eine Beziehungsgestaltung, in der „Führung,
Autorität und Überfürsorge" im Vordergrund stehen.
Die Asymmetrie in der Beziehung zum alten Menschen entsteht
aufgrund der Tatsache, dass AltenpflegerInnen durch ihre **funktionale Rolle als „HelferInnen"** in einer überlegenen Position sind.
Gleichzeitig befinden sich die alten Menschen aufgrund ihrer **funk-
tionalen Rolle als „Pflegebedürftige"** in einem Abhängigkeitsver-
hältnis.
In der alltäglichen Pflegebeziehung werden dem alten Menschen zu
häufig Entscheidungen abgenommen. Fürsorge wird zu Überfürsorge – Pflege wird institutionalisiert. So kann der alte Mensch
schnell in die Rolle des Bedürftigen gedrängt werden, auch wenn er
noch selbstständig entscheiden könnte. Damit besteht laut Willig
ständig die Gefahr, dass
• die Probleme nicht ernst genommen werden
• Besserwisserei an den Tag gelegt wird
• durch Routine die Probleme an Bedeutung verlieren.

 Das funktionale Machtgefälle besteht immer – man kann es
weder „wegreden" noch „vergessen". Nur ein bewusster und

a)

b)

Abb. 3: a) Asymmetrie b) Symmetrie.

reflektierter Umgang mit dieser Tatsache hilft, eine partnerschaftliche Beziehung zu dem alten Menschen einzugehen!

Man meint es doch nur gut

Fallbeispiel

*Die 80-jährige Frau List ging normalerweise immer zum kleinen Ein-
kaufsladen an der Ecke, dort kannte man sie. Aber der hatte heute
wegen Umbauarbeiten geschlossen. Sie hätte zwar ihren Zivi bitten
können, für sie die Besorgungen zu machen, aber sie fühlte sich heute
gut genug, es alleine zu schaffen. So fuhr sie mit dem Taxi zum nächsten Supermarkt. Nachdem sie alles, was sie brauchte, in den Wagen
gepackt hatte, stand sie gut gelaunt und wohlauf an der Kasse.
„15 Euro und 12 Cent!", sagte die junge Kassiererin. Seit einem Jahr
machte Frau List ihre Parkinsonkrankheit zu schaffen. Ihre Hände
zitterten jetzt oft sehr stark. Mit diesen zittrigen Händen klappte sie
ihr Portemonnaie auf. Die Kassiererin guckte sie ungeduldig an und
die wartende Schlange tuschelte. Frau List war zwar alt, aber sie
hatte noch sehr gute Ohren und hörte, dass es um sie ging. „Wieso
geht diese alte Frau bloß noch alleine einkaufen? Die sollte sich mal
helfen lassen, dann ginge es auch schneller!", sagte eine junge Mutter
zu ihrem Sohn. Während Frau List die Scheine herausholte, nahm ihr
die Kassiererin die Geldbörse aus der Hand. „Ich helfe Ihnen gern!",
flötete die Kassiererin Frau List freundlich entgegen. „Sehen Sie
10 Euro ... 15 Euro ... So, dann erlöse ich Sie gleich von dem Kleingeld.
Da haben wir es, stimmt genau."*

Durch ein solches Verhalten zeigt sich die soziale Macht des Stärkeren (der jungen Kassiererin) dem Schwächeren (Frau List) gegenüber. So hat die Kassiererin der alten Frau weder die Wahl
gelassen, die Hilfestellung anzunehmen oder abzulehnen, noch hat
sie beachtet, dass Frau List vielleicht mit der gebotenen Zeit durchaus in der Lage gewesen wäre, selbst zu bezahlen.
Frau List hat sich alt, krank, schwach und abhängig gefühlt, obwohl
die Kassiererin in dem Glauben gehandelt hat, es gut zu meinen.
Im alltäglichen Umgang mit (alten) Menschen verhalten sich viele
Menschen so oder ähnlich wie die Kassiererin aus dem Beispiel –

zumeist in freundlicher Weise mit gut gemeinter Absicht. So wurde in Studien festgestellt, dass auch in der Altenpflege, besonders bei Demenzkranken, Pflegende häufig solche „gut gemeinten" Verhaltensweisen zeigen. Diese Art von Verhalten ist jedoch für die Eigenständigkeit der Person des Pflegebedürftigen kontraproduktiv. Tom Kidwood spricht in diesem Zusammenhang von **maligner Sozialpsychologie**. Er hat folgende Verhaltensweisen gegenüber alten pflegebedürftigen Menschen beobachtet:

- **Betrug** – Einsatz von Formen der Täuschung, um eine Person abzulenken, zu manipulieren oder zur Mitwirkung zu zwingen
- **Zur Machtlosigkeit verurteilen** – jemanden nicht gestatten, vorhandene Fähigkeiten zu nutzen; die Unterstützung beim Abschluss begonnener Handlungen versagen
- **Infantilisieren** – jemanden sehr väterlich bzw. mütterlich autoritär behandeln; etwa wie ein unsensibler Elternteil dies mit einem sehr kleinen Kind tun würde
- **Einschüchtern** – durch Drohungen oder körperliche Gewalt bei jemanden Furcht hervorrufen
- **Etikettieren** – Einsatz einer Kategorie wie Demenz oder „organisch" bedingte psychische Erkrankung als Hauptgrundlage der Interaktion mit der Person und zur Erklärung ihres Verhaltens
- **Stigmatisieren** – jemanden behandeln, als sei er ein verseuchtes Objekt, ein Alien oder Ausgestoßener
- **Überholen** – Informationen liefern, Alternativen zur Wahl stellen etc., jedoch für die betreffende Person zu schnell, um zu verstehen; der Betroffene gerät damit unter Druck, Dinge rascher zu tun, als er ertragen kann
- **Entwerten** – die subjektive Realität des Erlebens und vor allem der Gefühle einer Person nicht anerkennen
- **Verbannen** – jemanden fortschicken oder körperlich bzw. seelisch ausschließen
- **Zum Objekt erklären** – jemanden behandeln als sei er ein Klumpen toter Materie, der gestoßen, angehoben, gefüllt, aufgepumpt oder abgelassen werden kann, ohne wirklich auf die Tatsache Bezug zu nehmen, dass es sich um ein fühlendes Wesen handelt

- **Ignorieren** – in jemandes Anwesenheit einfach in einer Unterhaltung oder Handlung fortfahren, als sei der bzw. die Betreffende gar nicht vorhanden
- **Zwang** – jemanden zu einer Handlung zwingen und dabei die Wünsche der betroffenen Person beiseite schieben bzw. ihr Wahlmöglichkeiten verweigern
- **Vorenthalten** – jemanden eine erbetene Information vorenthalten oder die Befriedigung eines erkennbaren Bedürfnisses vorenthalten
- **Anklagen** – jemandem Handlungen oder deren Unterlassen, die sich aus einer fehlenden Fähigkeit oder einem Fehlinterpretieren der Situation ergeben, zum Vorwurf machen
- **Unterbrechen** – plötzlich oder in störender Weise in die Handlung oder Überlegung von jemandem einbrechen; ein rohes Aufbrechen des Bezugsrahmens einer Person
- **Lästern** – sich über die „merkwürdigen" Handlungen oder Bemerkungen einer Person lustig machen, hänseln, erniedrigen, Witze machen auf Kosten der anderen Person
- **Herabwürdigen** – jemandem sagen, er sei inkompetent, nutzlos, wehrlos etc.; Botschaften vermitteln, die der Selbstachtung einer Person schaden.

(aus Kitwood 2000; S. 75 f.)

Übungen

- Welche der genannten Verhaltensweisen finden sie im Fallbeispiel mit Frau List wieder?
- Welche dieser unglücklichen Reaktionen haben Sie schon einmal an sich selbst oder bei ihren KollegInnen festgestellt? In welchen Situationen sind diese Reaktionen aufgetreten.

Zwischen allen Menschen sind solche Verhaltensweisen zu beobachten – insofern sind sie normaler Ausdruck zwischenmenschlichen Umgangs. Jeder von uns hat schon mal einen anderen Menschen (zumeist unbewusst) durch ein ungünstiges Verhalten verletzt – und dies wird solange passieren, solange Menschen miteinander umgehen, unabhängig, ob sie alt oder jung, klug oder töricht, schüchtern oder selbstbewusst sind.

Eine krankmachende (pathologische) Wirkung bekommt diese Verhaltensweise dann besonders, wenn die Beziehung durch ein Machtgefälle geprägt ist. Sie schädigt also dann, wenn eben keine normale, alltägliche Beziehung vorliegt, in der ein Geben und Nehmen in natürlicher Weise im ausgewogenen Verhältnis steht. Dann entfalten sie, wie die Aufzählung es plastisch widerspiegelt, ihre ganze Wirkung – die Verletzungen und Schädigungen des Selbstwertes der Person.

In diesem Zusammenhang betont Kitwood besonders:

„Der Begriff maligne impliziert jedoch keine üblen Absichten seitens der Betreuenden; das meiste ihrer Arbeit wird auf freundliche Art und in guter Absicht getan. Die Malignität ist Teil ihres kulturellen Erbes." (aus Kitwood 2000; S. 75)

Die Professionalität in der Altenpflege und somit auch in der Beratung besteht darin, dieses Erbe auszuschlagen. Das bedeutet durch eine **reflektierende** und **partnerschaftliche Haltung** aus eigenen Fehlern und den der anderen zu lernen. Ein nicht leicht zu erfüllender Anspruch, denn jeder Tag und jede Situation bedeutet in dieser Hinsicht eine neue Herausforderung.

1.3.2 Personale Beziehung

Die Asymmetrie zwischen AltenpflegerIn und Pflegebedürftigem kann sich dann auflösen, wenn die Person in den Mittelpunkt der Aufmerksamkeit gerückt wird: Aus „dem Pflegefall" mit seinen Behinderungen wird so „eine Person" mit ihren eigenen Wünschen, Bedürfnissen und Geschichten. So entsteht aus dem eigentlichen Machtgefälle eine partnerschaftliche, symmetrische Beziehung.

Wie Willig formuliert, „gelingt es sicherlich nicht immer, sich von seiner beruflichen Rolle zu lösen und den anderen trotz eventueller Schwächen als gleichwertigen Menschen und Partner zu verstehen. Als einen Menschen, der – obwohl auf meine Hilfe angewiesen – dies nicht ständig zu spüren braucht. Als einen Menschen, der – obwohl manchmal kindhaft, sonderbar, unbegreifbar, fern, – seine Persönlichkeit behalten darf, die es zu akzeptieren und zu respektieren gilt." (aus Willig 1991; S. 267)

 AltenpflegerInnen können die Grundhaltungen, die eine personale Beziehung unterstützen, trainieren!

Zeigt die AltenpflegerIn gegenüber dem alten pflegebedürftigen Menschen echtes (**Kongruenz**) einfühlendes Verstehen (**Empathie**) und Wertschätzung (**Akzeptanz**), verhält sich dabei unparteiisch (**Neutralität**) und lenkt ihren und den Blick des alten Menschen auf **Ressourcen** und **Lösungen**, so zeigt sie die wesentlichen Grundhaltungen, mit denen sie es schafft, eine wirkliche, partnerschaftliche Beziehung herzustellen, die wesentlich für den Erfolg der Beratung ist. Nur wenn der Betroffene sich gleichberechtigt fühlt, wird er seine Eigenkräfte aktivieren können, um zu einer für ihn angemessenen Lösung zu kommen.

Diese Grundhaltungen zu kennen, ist der erste Schritt zu einer ausgewogenen personalen Beziehung. Sie dann auch zu realisieren, verlangt noch weitere Anstrengung.

Daraus folgt: Neben dem guten Willen und den theoretischen Grundlagen, die eine Altenpflegerin braucht, um diese Haltungen und Einstellungen zu erlernen, ist intensives Üben notwendig.

Kongruenz

Nach Rogers ist dies die grundlegendste Haltung einer BeraterIn. Diese Haltung betont in besonderer Weise die Notwendigkeit, sich selbst als Person für eine echte partnerschaftliche Beziehung einzubringen.

Wenn sich die BeraterIn hinter einer professionellen Fassade versteckt, dann wird die Wahrscheinlichkeit, dass sich der Betroffene in seiner Sichtweise und seiner Handlungsfähigkeit verändert und entwickeln wird, relativ gering. Professionalität muss sich vielmehr darin zeigen, dass die BeraterIn offen und ehrlich ihre Gefühle und

Einstellungen kennt und zeigt, wenn sie ein Beratungsgespräch führt.

Echt und aufrichtig zu sein, bedeutet jedoch nicht, den alten Menschen ständig über eigene Gedanken und Gefühle zu informieren, dann würde nicht er, sondern die AltenpflegerIn im Vordergrund stehen. Eine kongruente Haltung ist vielmehr eine Übereinstimmung mit sich selbst. Dabei sind die Fähigkeiten entscheidend:

- Eigene Gefühle zu erkennen und zum Ausdruck bringen zu können
- Eigene Grenzen und Verständnisprobleme im Gespräch offen legen zu können
- Eigene Vorschläge und Meinungen als solche zu erkennen und als solche vermitteln zu können.

Tipps für die Praxis

▶ Dem alten Menschen nicht in der Funktion der AltenpflegerIn gegenübertreten, sondern als Person mit eigenen Gefühlen, Meinungen und Grenzen

▶ Die Möglichkeit zur Supervision nutzen und ggf. einfordern. Auch den Austausch mit KollegInnen nutzen. Je mehr Möglichkeiten es gibt, sich offen und wertfrei über die eigenen Gefühle auszutauschen, desto mehr wird die Wahrnehmung und Artikulation geschult.

Empathie

Jeder Mensch sieht seine Situation mit seinen eigenen Augen. So nehmen z. B. zwei gleichaltrige Bewohnerinnen, die beide seit einem Jahr aufgrund ihres Schlaganfalls im Rollstuhl sitzen, die objektiv gleiche „Problemsituation" völlig anders wahr. Während für die eine Bewohnerin der Rollstuhl die Möglichkeit bedeutet, weiterhin aktiv und mobil zu sein, ist es für die andere Bewohnerin immer wieder unerträglich, dieses Vehikel zu benutzen. Das, was die eine gut und richtig findet, kann für die andere das genaue Gegenteil bedeuten.

Um also einen wirklichen und echten Verstehensprozess einzuleiten, muss der alte Mensch aus seiner jeweiligen Lebenssituation heraus verstanden werden.

Fallbeispiel

Herr Gehl hat seit längerem immer wieder Wutausbrüche. In seinem Jähzorn sind schon einige Gegenstände zu Bruch gegangen. Altenpflegerin Helga ist die einzige, die ihn dann besänftigen kann. Im Gespräch mit ihrer Kollegin erzählt sie: „Gestern wäre ich am liebsten nicht mehr zu Herrn Gehl rein gegangen, nachdem er mich total angeschrien hat. Aber es musste ja sein. Also bin ich rein und was macht er? Er nimmt seinen Stock und schwingt ihn bedrohlich hin und her und ruft: „Alles Idioten hier!" Ich hab ohne nachzudenken gesagt: „Sie haben völlig recht, hier sind alles Idioten und sie sind darüber natürlich stinksauer!" „Und was ist passiert? Er hat seinen Stock runter genommen, sich hingesetzt, und er fing an, ruhig zu erzählen."

Altenpflegerin Helga hat Herrn Gehl genau in seinem gerade erlebten Gefühl verstanden und bestätigt. Eine gute BeraterIn ist in der Lage, den Betroffenen dort abzuholen, wo er gerade ist.

Die wirkliche empathische Grundhaltung zeigt sich in dem Maße, wie die BeraterIn bereit ist, die eigene Person in den Hintergrund zu stellen und sich ganz auf die Wirklichkeit des alten Menschen zu konzentrieren.

Die Fähigkeit und die Bereitschaft, sich in die Einstellungen – in die Wirklichkeit – des anderen Menschen einzufühlen, bedeutet nicht, genau das zu fühlen, was der andere fühlt. Empathie zeigt eine Altenpflegerin auch dann, wenn sie Verständnis dafür zeigt, was der alte Mensch erlebt und fühlt und dies in der Beratung zum Ausdruck bringen kann.

Fallbeispiel

Frau Klein sitzt im Tagesraum. Die Altenpflegerin Susanne geht zu ihr, um ihr ihre Diabetiker-Medikamente vor dem Abendbrot zu bringen. „Schwester, die Frau da hinten starrt die ganze Zeit hier rüber, das macht mich ganz nervös." Susanne antwortet: „Es ist unangenehm, dass Frau Schmidt so rüberstarrt?"

1

Wenn man sich die Antwort von Susanne etwas näher anschaut, wird der von Rogers betonte feine Unterschied zwischen einer **erklären-**den und einer **einfühlenden** Haltung einer Beraterin deutlich.
Susanne kann die Antwort einfühlend geben, wenn man sich den Tonfall der Antwort so vorstellt: „Meinen Sie, dass es für Sie unangenehm ist, von Frau Schmidt so angestarrt zu werden?" Wenn Susanne die Antwort erklärend gibt, kann man sich den Tonfall so vorstellen, als sage sie: „Sie sind neurotisch!"

Übungen
Versuchen Sie den Antwortsatz von Susanne in dem jeweiligen beschrieben Tonfall nachzusprechen. Was fällt ihnen dabei auf?
Wenn Sie merken, dass mit dem einfühlenden Tonfall ein Betroffener eher weiter reden würde, weil er sich verstanden fühlt, haben sie den Unterschied nachvollzogen!

 Tipps für die Praxis
▶ Den alten Menschen dort abholen, wo er ist
▶ Das Gesagte des alten Menschen nicht erklären, sondern verstehen
▶ Sich in die Rolle des anderen versetzen: „Wie würde ich mich an seiner Stelle fühlen/verhalten?"
▶ Gesprächstechniken einsetzen, wie z. B. Zuhören, Spiegeln (☞ 2.2.1 und 2.2.2).

Akzeptanz
Wenn die BeraterIn der KlientIn empathisch gegenüber tritt, so ist der Boden für eine positive Wertschätzung geebnet. Eine BeraterIn ist eher in der Lage, eine vertrauensvolle Beziehung zur KlientIn herzustellen, wenn sie ihr grundsätzlich positiv gegenübertritt. D. h. die BeraterIn versucht den Betroffenen erst einmal zu akzeptieren, wie er ist. Dadurch wird eine Veränderung der Problemsituation wahrscheinlicher.
Jemanden zu akzeptieren, heißt nicht, seine Gedanken oder Meinungen gutzuheißen, sondern bedeutet, ihn als Person zu achten

1

und ihn so wertfrei wie möglich in seiner eigenen Wirklichkeit wahrzunehmen und zu respektieren.

Akzeptanz spürt der Betroffene dann, wenn sein Verhalten und seine Äußerungen ernst genommen, aber nicht gewertet werden. Kategorisierungen, z. B. die Bezeichnung des Betroffenen als unkooperativ, aggressiv, oder eingeschränkt, werden nur beschreibend und nicht wertend vorgenommen!

Fallbeispiel
Altenpfleger Tomas berichtet über das Verhalten von Frau Karl folgendermaßen: „Als ich Frau Karl heute das Frühstück gebracht habe, war sie ganz aufgelöst. Ich glaube, sie hatte geweint, aber sie hat mich gleich rausgeschickt." „Die ist doch oftmals sehr launisch", antwortet sein älterer Kollege. „Die hast Du ja dann wohl den Rest des Vormittages ganz in Ruhe gelassen, oder hast du dich noch einmal rausschmeißen lassen?" „Ich bin am Vormittag noch mal zu ihr rein gegangen und habe gefragt, ob sie darüber reden will. Und sie hat mir erzählt, dass ihre Tochter heute ihren vierten Todestag hat."

Die alte Frau wurde von dem Altenpfleger so angenommen, wie sie ist. Er hat ihre Gefühle und Stimmungen akzeptiert und sich nicht (wie sein Kollege) „über sie gestellt". Daran zeigt sich eine echte wertschätzende Haltung.

 Tipps für die Praxis
▶ Auf Einstellungen/Stellungnahmen/Meinungen wertfrei reagieren
▶ Höfliches und respektvolles Verhalten ist auch dann gefragt, wenn man sich angegriffen fühlt oder grundsätzlich anderer Meinung ist
▶ Die Problemlage immer ernst nehmen.

Neutralität
In der Neutralität der BeraterIn zeigt sich die Bescheidenheit gegenüber der eigenen Person. Dabei meint Neutralität in erster Linie

eine bewusst nicht wertende Haltung. Nicht gemeint ist eine kühle Distanziertheit, die einer empathischen Grundhaltung widersprechen würde. Außerdem kann von einer neutralen BeraterIn durchaus gefordert sein, ihre Meinung zu sagen. Es ist jedoch ein Unterschied, ob diese Meinung dem Betroffenen als Idee angeboten oder als „ein Muss" aufgezwungen wird.

Neutral ist eine AltenpflegerIn dann, wenn sie zum Ausdruck bringt, dass ihre Meinung für den Betroffenen unter Umständen überhaupt nicht ausschlaggebend ist. Das bedeutet, dass sie

- ihre Meinung als „eigene Meinung" offen legt
- dem alten Menschen signalisiert, dass es andere Sichtweisen gibt, die vielleicht viel eher den Kern treffen.

Insgesamt liegt dieser Haltung das Verständnis der Akzeptanz zugrunde, stellt aber vor allem die Allparteilichkeit in den Vordergrund.

Neutralität hilft der AltenpflegerIn, eine gelungene Mischung aus Nähe und Distanz zu dem alten Menschen aufzubauen, ohne sich hinter einer professionellen Fassade zu verstecken.

Neutralität gegenüber Personen

Diese Neutralität hilft, nicht in Konflikte verwickelt zu werden. Für die Beteiligten wird klar, dass die BeraterIn auf „**keiner Seite der Beteiligten steht**", sondern für alle Partei ergreift (Allparteilichkeit), um durch neue Ideen und Perspektivenwechsel die Lösungsfindung voranzutreiben. In dem Maße, wie die BeraterIn neutral gegenüber den Beteiligten ist, entwickelt sie eine innere Distanz zu den einzelnen betroffenen Personen und lenkt deren Blick auf die Beziehungen.

Fallbeispiel

Frau Deich: „Finden Sie nicht auch, dass Schwester Monika immer so ruppig ist?"

Altenpfleger Tobias: „Meinen Sie, dass Monika unfreundlich zu ihnen ist?"

1

Frau Deich: „Sie ist immer so kurz angebunden, oder?"
Altenpfleger Tobias: „Wann ist sie denn zu ihnen kurz angebunden?"

Frau Deich hat Tobias mit den Worten „Finden Sie nicht auch" gebeten, Stellung zu beziehen, ob er Monika unfreundlich findet oder nicht. Er hat sich zu einer Meinung nicht drängen lassen, sondern neutral versucht, Klarheit über das Problem zu erlangen.

Wenn alte Menschen die AltenpflegerInnen „einladen", sich bei Familienkonflikten, Bewohnerkonflikten oder aber auch bei Konflikten zwischen Pflegebedürftigen und KollegInnen zu positionieren, hilft eine neutrale Haltung. Es ist wichtig, die Einladung abzulehnen, um überhaupt als BeraterIn bei diesen Konflikten hilfreich sein zu können.

Neutralität gegenüber Problemen

Die BeraterIn **wertet das Problem nicht**. So wird z. B. die AltenpflegerIn nicht unbedingt Stellung dazu nehmen, ob sie es gut oder schlecht findet, wenn die Angehörige nicht zu Besuch kommt oder der Hausarzt das Schlafmittel nicht verschreibt. Durch diese Neutralität wird der alte Mensch auf seine eigenen Kräfte und Einschätzungen verwiesen. Außerdem schützt diese Haltung vor dem Drang der BeraterIn, in „Hau-Ruck-Manier" das Problem vermeintlich zu lösen.

Neutralität gegenüber Ideen

Lösungsideen, aber auch Problemerklärungen, Meinungen, Einstellungen, die während der Beratung ausgetauscht werden, sind von der BeraterIn nicht zu werten. Auch sind ihnen keine Prioritäten zuzuteilen.

 Nicht in jedem Kontext ist es sinnvoll, sich neutral zu verhalten. In Situationen, die von Fürsorge oder sozialer Kontrolle geprägt sind, ist Neutralität nicht angebracht. Als AltenpflegerIn ist es daher wichtig, in vielen Pflegesituationen die neutrale Haltung bewusst aufzugeben, sie aber in der Beratungssituation bewusst anzuwenden.

Mit dieser Haltung wird die BeraterIn bescheiden gegenüber eigenen Positionen, Diagnosen und Prognosen, denn in der Beratung geht es nie um objektiv richtige, sondern um hilfreiche Analysen und Lösungswege. Was hilfreich ist und was nicht, wird nicht von der AltenpflegerIn, sondern vom alten Menschen in seiner Selbstsicht und Selbstwahrnehmung des Beratungsprozesses bestimmt.

 Tipps für die Praxis
▶ „Einladungen" zu Positionierungen ausschlagen, indem die Frage zurückgegeben wird: „Halten Sie es für eine gute Idee?" „Was glauben Sie, sagt ihre Tochter zu ihrer Meinung?" (☞ 2.2.8)

Ressourcen- und Lösungsorientierung
Dieser Haltung liegt die zentrale Annahme zugrunde, dass ein Mensch über alle Ressourcen zur Milderung oder Lösung des Problems verfügt, diese nur momentan aus seiner Lebenssituation heraus jedoch nicht nutzt. Daher ist es sinnvoll davon auszugehen, dass Menschen eine Vielzahl an Möglichkeiten haben, aber sich manchmal dafür entscheiden, nicht das zu tun, was sie tun könnten. Um die Ressourcen zu aktivieren, beschäftigt man sich im Beratungsprozess nicht mit dem Problem bzw. mit der Problemursache (☞ 1.1.3), sondern mit der Konstruktion von Lösungen.

Der BeraterIn geht es nicht um eine Vergangenheitsbewältigung oder um eine Ursachenfindung, sondern um Möglichkeiten, wie das Problem für den Betroffenen gelöst werden kann.

Diese Haltung, die allgemein auch im Pflegeprozess im Vordergrund steht, lenkt das Gewicht auf die vorhandenen Fähigkeiten der Pflegebedürftigen. Die Orientierung an den Stärken gewinnt dadurch mehr Gewicht als die Analysen der Schwächen der Betroffenen.

1

Fallbeispiel
Frau Meier ist es aufgrund ihrer starken Sehschwäche nicht mehr
möglich, Bücher und Zeitschriften zu lesen. Auch Großdruckbücher
kann sie nicht mehr lesen. Immer wieder sagt sie: „Meine Augen sind
so schlecht, wenn ich doch nur wieder lesen könnte." Während ihr
Augenarzt sie zum x-ten Mal untersucht, um ihr zu helfen, kommt im
Gespräch mit der beratenden Altenpflegerin Diana die Idee auf, auch
Hörbücher zu verwenden. So hat Frau Meier eine vorhandene
Ressource zur Problembewältigung eingesetzt.

An diesem Beispiel wird deutlich, dass es weder darum geht, eine per-
fekte Lösung zu finden noch eine Ursache aufzuzeigen. Stattdessen
wird angestrebt, vielfache Handlungsmöglichkeiten zu entwickeln.
Im Sinne der Lösungsorientierung ist nicht entscheidend, ob es Defizite, z. B. eine Sehschwäche, gibt oder nicht gibt. Relevant ist, welche Alternativen sich dem Betroffenen eröffnen oder verschließen,
um die Defizite auszugleichen oder mit ihnen umzugehen.

1.4 Phasen der Psychosozialen Beratung

Phasenmodelle tauchen in der Literatur zu Beratung vielfach auf.
In diesen Modellen wird der Beratungsprozess in aufeinander folgende Abschnitte eingeteilt und jedem Abschnitt werden bestimmte Vorgehensweisen und Methoden zugeordnet. Phasenmodelle
sind nicht als starre Ordnung zu verstehen, denn dies würde jeder
Dynamik des Beratungsprozesses und damit auch des Pflegeprozesses widersprechen. Das hier dargestellte Vierphasen-Modell ist
eine Strukturierungs- und Reflexionshilfe, um eine Beratung gezielt durchführen zu können.
Die Übergänge zwischen den einzelnen Phasen sind fließend und
das „Zurückgehen" in die vorherige Phase ist oftmals durchaus
sinnvoll. So kann es sein, dass die BeraterIn während der Klärungsphase mit einem neuen Problem der Betroffenen konfrontiert wird
und sich daraufhin neu orientieren muss.
Nachfolgend werden die Phasen anhand eines Beratungsgespräches
erklärt. Die Praxis zeigt, dass eine Psychosoziale Beratung nicht in

einem einzigen Gespräch und oftmals auch nicht alleine mit Hilfe eines Gespräches abgeschlossen ist. Die Beratung kann durchaus über das Gespräch hinausgehen, indem den alten Menschen weitere Hilfestellungen angeboten werden.

Bei kurzen Gesprächen oder Folgegesprächen werden in der Praxis einzelne Phasen oftmals übersprungen oder man geht zu früheren Phasen zurück. Wichtig ist dennoch, das Gespräch zum Abschluss zu bringen, um den alten Menschen nicht „im Regen stehen zu lassen."

1.4.1 Orientierungsphase

Sich zu orientieren, bedeutet in der Beratung „sich einstellen" auf den alten Menschen, seine Situation und das Problem. Die Orientierungsphase bezieht sich demnach sowohl auf die Beziehungsebene als auch auf die Inhaltsebene. Auf der Beziehungsebene betrachten die Beteiligten sich in Bezug auf ihre Beziehung zueinander, in diesem Fall also die Beziehung zwischen der AltenpflegerIn und dem alten Menschen. Auf der Inhaltsebene wird versucht, das Problem zu definieren, es in Worte zu fassen.

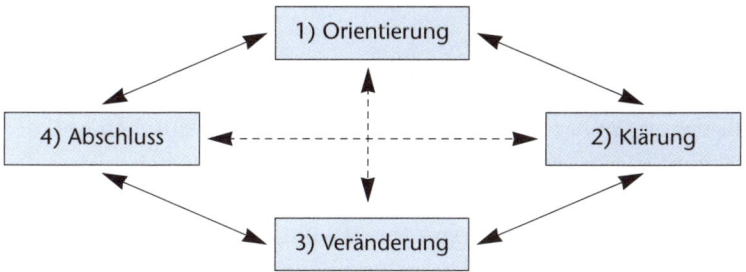

Abb. 4: Phasen der Psychosozialen Beratung in Anlehnung an das Modell von König & Volmer.

1

Fallbeispiel „Frau Schulze" Teil 1
Altenpflegerin Anja beobachtet seit einiger Zeit Auseinandersetzun-
gen zwischen Frau Schulze und anderen – meist verwirrten – Be-
wohnerInnen. Immer wieder schreit Frau Schulze einige BewohnerIn-
nen an und schimpft mit ihnen. Sie verhält sich dabei sehr aggressiv
und ungeduldig. Auch wenn Anja oder ihre KollegInnen Frau Schulze in
diesen Situationen direkt darauf ansprechen, ist sie ihnen gegenüber
häufig stur und ungerecht. In der Übergabe kommen fast alle zu dem
Schluss, dass Frau Schulze anscheinend Probleme hat, verwirrte Mit-
bewohnerInnen in dem Wohnbereich zu akzeptieren. Anja erklärt sich
bereit, mit Frau Schulze ein Gespräch zu führen, in dem dieses Pro-
blem angesprochen werden soll. Sie versucht, sich mental auf dieses
Gespräch einzustimmen: Sie hält sich vor Augen, dass das „aggressive
Verhalten" von Frau Schulze nicht gegen sie bzw. ihre Arbeit gerich-
tet ist. Sie gibt ihren KollegInnen Bescheid, dass sie für ca. eine halbe
Stunde bei der Bewohnerin sein wird. Anja sucht die Bewohnerin in
ihrem Zimmer auf und fragt nach einer kurzen Begrüßung und einer
belanglosen Unterhaltung über das Wetter, ob sie den Fernseher
abschalten darf. Frau Schulze ist einverstanden, zeigt sich aber
scheinbar ein wenig verunsichert. Anja setzt sich zu Frau Schulze und
wendet sich ihr zu: „Die anderen Mitbewohner stören sie sehr, oder?"
Frau Schulze antwortet: „Die sind doch alle verrückt!" „Ich würde
Ihnen gerne dabei helfen, dass sie sich im Wohnbereich wohler fühlen",
fährt Anja fort. Frau Schulze fängt an zu erzählen, dass man sich hier
mit den anderen ja gar nicht unterhalten kann.

■ **Orientierung auf der Beziehungsebene**

In der Beratungssituation spielt die Beziehung zwischen den
GesprächspartnerInnen eine große Rolle. Je positiver die aktuelle
Beziehung in der Beratung zwischen dem alten Menschen und der
AltenpflegerIn gestaltet wird, desto größer ist die Chance, dass das
Beratungsgespräch erfolgreich verläuft. Insofern dient die Orien-
tierung auf der Beziehungsebene dazu, eine **positive, offene und
gleichberechtigte Interaktion** zu ermöglichen.
Im Fallbeispiel hat sich Anja schon vor Beginn des Gespräches auf
die Betroffene und die Beratungssituation eingestellt. Die Orientie-

rung auf der Beziehungsebene beginnt schon vor dem eigentlichen Beratungsgespräch, indem sich die Pflegeperson auf den alten Menschen einstellt und auf das äußere Umfeld des Beratungsgespräches achtet.

Auf den alten Menschen einstellen
Anja hat das „aggressive Verhalten" von Frau Schulze reflektiert: weder ist die Aggressivität gegen sie gerichtet noch ist Frau Schulze als Störfaktor im Wohnbereich zu betrachten (☞ 1.1.3). Anja hat das Verhalten neutral angenommen und Frau Schulze das Recht eingeräumt, in dieser Weise aktiv ihre Gefühle zu zeigen. So hat sie sich sowohl auf die Betroffene als auch auf die Problemsituation eingestellt (☞ 1.3).

 Tipps für die Praxis
Hilfreich ist – um die Problemlage und Sichtweise des älteren Menschen anzunehmen – sich in einer Art Selbstinstruktion in die „Beraterrolle" einzufinden. Folgende Sätze bieten dafür Unterstützung:
▶ Ich akzeptiere den älteren Menschen, so wie er ist
▶ Der ältere Mensch steht im Mittelpunkt
▶ Der ältere Mensch hat das Recht auf seine subjektive Sichtweise.

Es kommt gelegentlich vor, dass die alltägliche Pflegebeziehung zwischen Pflegebedürftigem und AltenpflegerIn durch problematische Grundstimmungen, z. B. Feindseligkeit, geprägt ist. In einem solchen Fall kann sich diese Feindseligkeit auf die aktuelle Beratungsbeziehung übertragen und so den Gesprächsverlauf negativ beeinflussen. Dann sollte besser eine KollegIn die Beratung übernehmen. Um jedoch die Chance zu nutzen, die Beziehung zu verbessern, ist es durchaus sinnvoll, ein Gespräch mit der Bewohnerin zu suchen und das „Gefühl der Feindseligkeit" offen anzusprechen.

 Tipps für die Praxis
Vor dem Gespräch bewährt es sich, die folgenden Fragen zu beantworten:
▶ Wie ist meine Pflegebeziehung zu dem alten Menschen?
▶ Bin ich die geeignete GesprächspartnerIn für die Beratung?

Für ein geeignetes Umfeld sorgen

In einem Tagesraum, in dem sich andere Pflegebedürftige aufhalten, möglicherweise nach den „Schwestern" rufen, in dem die Spülmaschine läuft und KollegInnen hereinkommen, wird der alte Mensch sein belastendes Problem kaum offen schildern. Auch die BeraterIn kann nicht aufmerksam zuhören. Wichtig für eine offene Gesprächssituation ist es daher, sich ein **ruhiges** und **angenehmes Umfeld** zu suchen und Störungen zu vermeiden. Im Fallbeispiel hat Altenpflegerin Anja richtig gehandelt, indem sie:

- die Betroffene in ihrem Zimmer, also in ihrer vertrauten Umgebung besuchte
- dafür gesorgt hat, dass sie nicht gestört werden
- andere Reize (den Fernseher) ausgeschaltet hat, die sie und Frau Schulze ablenken könnten.

Tipps für die Praxis in der stationären Altenpflege

▶ Am besten eignen sich Einzelzimmer von BewohnerInnen
▶ Doppelzimmer sind nur geeignet, wenn dafür gesorgt werden kann, dass die DoppelzimmerpartnerIn sich weder im Zimmer aufhält noch während des Gespräches hereinkommt
▶ Ist beides nicht möglich, ist es besser, einen ruhigen Platz auf dem Wohnbereich zu wählen.

Nachdem Altenpflegerin Anja Frau Schulze in ihrem Zimmer aufgesucht hat, beginnt sie das eigentliche Beratungsgespräch. Am Anfang des Gespräches sind es nun beide GesprächspartnerInnen, die sich auf die konkrete Beratungssituation einstellen müssen. Die AltenpflegerIn hat dabei die zusätzliche Aufgabe, dem alten Menschen bei dem Einstimmen auf das Gespräch behilflich zu sein.

 Das Einstellen der Pflegenden auf den alten Menschen, das Problem (☞ 1.1.3) und die Beratungssituation ist vor dem Gespräch genauso wichtig wie während des Gespräches!

1

Zustimmung des alten Menschen
Die AltenpflegerIn kann natürlich auch mit einer ablehnenden Haltung der BewohnerIn konfrontiert sein. Was wäre passiert, wenn Frau Schulze ein Gespräch abgeblockt hätte? Eine BeraterIn muss dies in einem solchen Moment akzeptieren. Sie hat aber gleichzeitig die Möglichkeit, Gesprächsbereitschaft zu signalisieren, so dass die BewohnerIn zu einem anderen Zeitpunkt auf sie zukommen kann, z. B. könnte sie sagen: „Ich verstehe, dass Sie jetzt nicht darüber sprechen möchten. Ich bin aber für Sie da, wenn Sie ihre Meinung ändern sollten!"

Warming-Up
Im Warming-Up stimmen sich beide GesprächspartnerInnen aufeinander ein. Hier heißt die Devise: „Nicht gleich mit der Tür ins Haus fallen" und sich somit Zeit lassen, das Gespräch zu beginnen. Dies gelingt am besten, indem ein oberflächliches Thema als Aufhänger für den Gesprächsbeginn gewählt wird.

 Tipps für die Praxis
Themen für das Warming-Up, die nach relativ kurzer Zeit beendet werden können, sind z. B.:
▶ Wetter, Urlaub
▶ Klatschpresse
▶ Veranstaltungen
▶ Fernsehsendungen.

Verbales und nonverbales Verhalten
Vor allem am Anfang des Gesprächs muss die AltenpflegerIn sich ihres Verhaltens bewusst sein und es auch bewusst einsetzen. Sie muss Vertrauen herstellen und das Gefühl geben, dass aufmerksam und ohne Wertung zugehört wird. Dies regt den alten Menschen dazu an, offen über das Problem zu reden. Gelingt dies nicht, ist der weitere Verlauf des Gespräches gestört.

Begriffsdefinition
Verbales Verhalten bezeichnet mündliche Mitteilungen, also Kommunikation durch Sprache, während sich nonverbales Verhalten auf alle nichtsprachlichen

Mitteilungen, z. B. Körperhaltung, Gesten, Gesichtsausdruck, bezieht (☞ 2.1.1).

Vor allem die so genannten **Türöffner** können helfen, den Beziehungsaufbau positiv zu gestalten und das Vertrauen des alten Menschen zu gewinnen. Sie vermitteln gleichzeitig, dass die AltenpflegerIn wirklich an dem Betroffenen interessiert ist und helfen möchte.

 Tipps für die Praxis

„Türöffner" können z. B. folgende Fragen sein:
▶ Kann ich Ihnen dabei helfen?
▶ Würde es Ihnen helfen, darüber zu sprechen?
▶ Möchten Sie darüber sprechen?

Diese oder ähnliche Fragen lassen dem Betroffenen die Möglichkeit, Hilfe auch abzulehnen. Gerade ältere pflegebedürftige Menschen fühlen sich oft abhängig und sind deshalb ängstlich und misstrauisch. Türöffner bieten die Möglichkeit, dem alten Menschen ein Gefühl von Unabhängigkeit und Entscheidungsmöglichkeit zu vermitteln. In der Folge ist so Vertrauen leichter und schneller herzustellen (☞ 1.3).

Das Einsetzen von bestimmten nonverbalen Signalen der Pflegenden in Mimik und Gestik, zeigt dem alten Menschen, dass ihm aufmerksam zugehört wird.

 Tipps für die Praxis

Aufmerksamkeitszeichen, die während des gesamten Gespräches eingesetzt werden können, sind z. B.:
▶ Nicken
▶ Blickrichtung zum alten Menschen
▶ Ähnliche Körperhaltung annehmen.

Aber nicht nur das Verhalten der AltenpflegerIn ist wichtig. Auch das Verhalten des Pflegebedürftigen ist sensibel zu beobachten. Schaut er z. B. immer nach unten und weicht Blicken aus, ist es ihm vielleicht peinlich, über das Problem zu sprechen. Nonverbale Signale, die auf die Gefühlslage des alten Menschen hinweisen, tragen zur besseren Orientierung der Pflegeperson bei. Nonverbal wird

1

der Betroffene das ausdrücken, was sprachlich schwer zu fassen ist. Insbesondere werden nonverbale Signale zur Kommunikation emotionaler Zustände eingesetzt (☞ 2.1.1). In der Beratung ist es daher wichtig, auf diese nonverbale Signale zu achten und sie gegebenenfalls anzusprechen (☞ 2.2.4).

Schweigepflicht oder Dokumentationspflicht

Die alten pflegebedürftigen Menschen müssen darauf vertrauen können, dass der Inhalt eines Beratungsgespräches vertraulich behandelt wird. Da die Beratung aber innerhalb des Pflegeprozesses stattfindet, ist die Weitergabe von bestimmten Informationen unerlässlich.

Das Spannungsfeld, in dem sich AltenpflegerInnen und andere BeraterInnen in der Praxis befinden, lässt sich anschaulich an folgendem Beispiel zeigen:

Ein Bewohner äußert im Gespräch, dass alles keinen Sinn mehr habe und er nicht mehr leben möchte. Er bittet am Ende des Gespräches die Altenpflegerin darum, alles für sich zu behalten. Sie entschließt sich, seinem Wunsch nicht nachzukommen und hält das Gespräch in der Dokumentation fest. Bei der Übergabe erzählt sie ihrem Kollegen vom Nachtdienst vom Gespräch. Als sie am nächsten Tag zum Spätdienst erscheint, erzählt ihre Kollegin, dass der Bewohner sich in der Nacht versucht hat umzubringen, aber glücklicherweise rechtzeitig entdeckt wurde.

So schwer es auch ist nachzuweisen, ob die Weitergabe der Information den Selbstmordversuch verhindert hat, wenn die Altenpflegerin dem Wunsch des Bewohners entsprochen hätte, wäre sie leicht zur Beschuldigten geworden.

Was bei allem Abwägen zwischen „Schweigepflicht und Dokumentationspflicht" bleibt, ist erstens der haftungsrechtliche Aspekt und zweitens die Nachweispflicht, die eine Dokumentation unabhängig von der Problemlage und auch dem Wunsch des Bewohners unerlässlich zu machen scheint.

 Tipps für die Praxis

▶ Den alten Menschen darüber aufklären, dass die Inhalte des Gespräches vertraulich behandelt werden, aber weitergeben wird, dass ein Gespräch stattgefunden hat

▶ Eintrag in der Dokumentation nur mit kurzer Angabe zum Gesprächsanliegen und der Angabe, ob ein weiteres Gespräch oder andere Formen der Hilfe notwendig sind. Dies sollte auch dann geschehen, wenn die BewohnerIn nicht einverstanden ist
▶ Bei heiklen Themen, z. B. suizidale Äußerungen, Drohungen etc., KollegInnen immer mit einbeziehen.

■ Orientierung auf der Inhaltsebene

Die inhaltliche Orientierung dient dazu, sowohl das **Thema** als auch das **Ziel** des Beratungsgespräches in den Blick zu bekommen. Zentrale Frage hierbei ist: „Welches Problem soll besprochen werden?"

Ohne inhaltliche Orientierung kann das Gespräch entweder ins Leere laufen oder aber es besteht die Gefahr, dass es sich im Kreis dreht. Wenn man nicht weiß, was besprochen werden soll, wird man auch nicht wissen, wo Hilfestellung gegeben werden kann.

Manchen älteren Menschen gelingt es nicht, das Problem von sich aus anzusprechen. Dann muss die AltenpflegerIn eine Vermutung äußern und so das Problem gemeinsam mit dem alten Menschen im Gespräch konkretisieren. Diese Konkretisierung findet in der Klärungsphase des Beratungsgespräches statt.
Um noch einmal auf das Fallbeispiel zurückzukommen: Altenpflegerin Anja hat zur Orientierung auf der Inhaltsebene gesagt: „Die anderen MitbewohnerInnen stören sie sehr, oder? Ich würde Ihnen gerne dabei helfen, dass sie sich im Wohnbereich wohler fühlen." So hat sie ein Thema für das Gespräch gewählt und einen Vorschlag gemacht, was später (Übergang zur Klärungsphase) genauer betrachtet werden kann.

Der Übergang zur Klärungsphase verläuft fließend. Wenn das Thema konkret benannt wurde, wird das weitere Gespräch zeigen, worin das Problem für den Betroffenen wirklich besteht.

1.4.2 Klärungsphase

Diese Phase dient der Klärung der Problemsituation. Dazu muss das Problem von dem Betroffenen frei geschildert werden können, ansonsten ist eine Klärung nicht möglich.

Fallbeispiel „Frau Schulze" Teil 2
Anja lässt Frau Schulze erst einmal reden, ohne dass sie zu deren Äußerungen Stellung bezieht. Frau Schulze erzählt, dass sie sich alleine fühlt. Es gibt kaum MitbewohnerInnen, mit denen sie sich vernünftig unterhalten kann. Die anderen BewohnerInnen sind oftmals sehr laut und wenn sie etwas zu ihnen sagt, verstehen diese sie nicht. Um mehr und gezieltere Informationen zu erhalten und damit mehr Klarheit zu schaffen, fragt Anja nach, wann Frau Schulze besonders Probleme mit den MitbewohnerInnen hat und was genau passiert, wenn sie von anderen nicht verstanden wird. Anja versucht, sich dabei in die Bewohnerin einzufühlen: nicht die Aggressivität ist das Problem von Frau Schulze; sie hat vielmehr ein Problem dabei, die Situation auf dem Wohnbereich zu ertragen. Sie ermutigt Frau Schulze zu erzählen, wie es ihr dabei geht, wenn sie auf die anderen MitbewohnerInnen trifft. Frau Schulze erzählt: „Mir macht es Angst, wenn ich das ganze Leid sehe und dann reagiere ich so. Hinterher tut es mir oft leid!" Für Anja wird klar, dass Frau Schulze mit ihrem Gefühl alleingelassen ist und in manchen Situationen mit den MitbewohnerInnen überfordert ist und fragt: „Habe ich Sie richtig verstanden? Sie fühlen sich allein und überfordert, das macht Sie wütend?" So gibt sie Frau Schulze eine mögliche Bedeutung für ihr aggressives Handeln. Frau Schulze nickt. Sie fühlt sich von der Altenpflegerin verstanden und versteht auch ihr eigenes Verhalten besser.

1

■ *Freies Erzählen der Problemsituation*

Für das freie Erzählen hat Anja in der Orientierungsphase den Boden geebnet. Denn im Idealfall bietet die Gesprächsatmosphäre jetzt einen offenen und vertrauensvollen Rahmen, in dem es dem Betroffenen relativ leicht fällt, über das Problem zu sprechen.

In manchen Fällen reicht dies aber nicht aus. Es schadet dann nicht, Fragen zu stellen, z. B.:

- Erzählen Sie mir doch, worin Sie das Problem sehen?
- Was denken Sie über das Problem?
- Jetzt ist es eine gute Gelegenheit zu sagen, was Sie bedrückt!

Mit solchen Fragen und Bemerkungen kann die Beraterin dem alten Menschen einen Anstoß geben, mit dem Erzählen zu beginnen.

 Tipps für die Praxis

Für die BeraterIn gibt es während des freien Erzählens bestimmte Klarheitshilfen:

▶ Was sind die zentralen Themen?
▶ Wie schätzt der Betroffene die Situation ein?
▶ Welche Erklärungen gibt der Betroffene für das Problem?
▶ Hat der Betroffene schon versucht, das Problem zu lösen und wie?

Diese Fragen dienen nicht dazu, verbal eingesetzt zu werden, sondern schulen die Aufmerksamkeit der Pflegeperson. Während der Betroffene erzählt, ruft die AltenpflegerIn sich diese Fragen in das Gedächtnis und beantwortet sie für sich selbst.

 BeraterInnen brauchen ein gutes Gedächtnis. Unterstützend wirkt auch, Teile des Gespräches zwischendurch kurz zusammenzufassen. Nach Abschluss des Gespräches bietet es sich an, die wesentlichen Punkte schriftlich festzuhalten.

1

■ *Verstehen der Problemsituation*

Während der alte Mensch sein Anliegen schildert, geht es einer BeraterIn in jeder Minute des Zuhörens darum, das Anliegen zu verstehen und dem Betroffenen die Möglichkeit zu geben, Klarheit über das Problem zu erhalten. Hierzu ist es hilfreich, viel über den gesamten Problembezug zu erfahren. Denn im freien Erzählen wird oftmals Wesentliches weggelassen:

- Weglassen von Angaben zur äußeren Situation, Personen und Handlungen: Im Fallbeispiel hat Frau Schulz sehr allgemein über ihre MitbewohnerInnen geredet. Konkrete Situationen wurden ohne Nachfragen nicht benannt. Dies entsteht vor allem dadurch, dass ein Problem für den alten Menschen oftmals so diffus existiert, dass es mit allgemeinen Sätzen und Aussagen geschildert wird
- Weglassen der Bedeutung für sich selbst: Was für eine Bedeutung das Problem für den Beteiligten selbst hat, bleibt in der Schilderung eher verborgen. Vielen ist diese Bedeutung nicht klar und kann somit auch nicht angesprochen werden. Frau Schulze hat den Bedeutungszusammenhang erst zusammen mit Anja erkannt.

🐄 *Tipps für die Praxis*

▶ Das, was der alte Mensch nicht erzählt, bietet oftmals mehr Aufschluss als das Gesagte selbst
▶ Die W-Fragen „Was?" „Wann?" „Wie?" „Wer?" klären das Problem auf (☞ 2.2.7)
▶ Spekulationen und Interpretationen vermeiden, die BeraterIn darf das Gesagte selbst nicht aus den Augen verlieren.

Um auch Aufschluss über das „Nichtgesagte" zu bekommen, gibt es mehrere Techniken (☞ 2.2). Hier seien drei Möglichkeiten kurz genannt:

Erfragen von Informationen (☞ 2.2.7)
Die Pflegeperson erfragt zur Klärung des Problems bestimmte Informationen, die das Problemverständnis erhöhen:

1

- Wer ist beteiligt?
- Wann tritt das Problem auf?

Insgesamt dienen solche Informationen dazu, Klarheit über den „Rahmen" des Problems zu bekommen. Über den Inhalt des Problems (s. o.) gibt eine solche Informationssammlung weniger Auskunft, dazu dient vielmehr das gezielte Fragen.

Gezieltes Fragen (☞ 2.2.8)

Was tun, sagen und fühlen die Personen, die am Problem beteiligt sind? Die Pflegeperson kann bei allgemeinen und diffusen Aussagen gezielte Fragen stellen. Diese leiten den Betroffenen dazu an, sich konkret mit dem Problem auseinander zusetzen und über die Sichtweisen der anderen Beteiligten Klarheit zu bekommen. Durch diese Fragen werden der Inhalt des Problems und die Sichtweisen der Beteiligten klarer hervorgehoben. Zur Unterstützung der Fragen kann die BeraterIn z. B. spiegeln und Angebote machen.

Spiegeln (☞ 2.2.2)

Die Pflegeperson versucht von sich aus, das „Weggelassene" zu erfassen. Dazu dient z. B., sich in den Betroffenen einzufühlen (☞ 1.3) und die von ihm geäußerten Gefühle widerzuspiegeln. Des Weiteren hat die Pflegeperson die Möglichkeit, Vermutungen zu äußern, welche Bedeutung das Problem für den Betroffenen haben könnte, z. B.: „Sie machen sich Sorgen, dass es Ihnen später ähnlich ergeht?"

In der gesamten Klärungsphase geht es ausschließlich um die Ist-Situation. Hierbei werden noch keine Lösungen entwickelt, sondern mögliche Bedeutungen gesucht.

1.4.3 Veränderungsphase

Jetzt ist es an der Zeit, zusammen mit dem Betroffenen Lösungsmöglichkeiten zu entwickeln. Dazu wird das Gewicht des Gesprächs auf die Veränderung der subjektiven Deutung der Problemsituation gelegt. In dieser Phase können die jetzigen erlebten Verhaltensmuster als sinnhaft erkannt werden, auch wenn sie in den aktuellen Situationen Leid mit sich bringen.

Fallbeispiel „Frau Schulze" Teil 3

Frau Schulze erinnert sich im Gespräch mit Anja an eine bestimmte Situation mit dem Mitbewohner Herrn Laub: „Er ist einfach in mein Zimmer rein gekommen und hat sich in mein Bett gelegt. Da hab ich gesagt: ,Das ist mein Bett, stehen Sie auf!' Aber er ist liegen geblieben. Und dann bin ich zu ihm gegangen und bin lauter geworden: ,Stehen Sie jetzt endlich auf!', hab ich gesagt und ihn dabei am Arm gezogen." Anja fragt, was Frau Schulze bei der Erinnerung an diese Situation empfindet. Die Bewohnerin antwortet, dass sie traurig ist, das alles mit ansehen zu müssen. Die Altenpflegerin stützt Frau Schulze bei diesem Gefühl, indem sie bestätigt, dass sie traurig sein darf. Anja fragt nochmals konkret nach: „Was haben Sie dabei gefühlt?" Frau Schulze erzählt, dass sie so hilflos war. Immer wieder hat sie versucht, sich verständlich zu machen, aber Herr Laub hat einfach nicht gehört. „Ich hab die Geduld verloren, ich wusste nicht, was ich machen sollte!" „Und wie geht es ihnen jetzt damit?", fragt Anja. Frau Schulze antwortet, dass sie sich schämt, manchmal so aus der Haut zu fahren. Bei der Frage, was sich Frau Schulze wünscht, antwortet sie: „Ich möchte nicht so krank im Kopf werden, wie die anderen." In dieser Phase durchlebt die Bewohnerin ihre Ängste und Sorgen, die sie um ihre eigene Person hat. „Es ist nicht so, dass ich die anderen nicht mag, aber wenn ich sehe, wie krank diese Menschen sind, dann werde ich so sauer auf alles, was um mich herum ist", sagt Frau Schulz. „Was sehen Sie denn für Möglichkeiten, damit Sie mit Ihren Ängsten und Sorgen und Ihrem Ärger besser umgehen können?", fragt Anja. Ein längeres Schweigen tritt ein. „Kennen Sie diese Boxsäcke, mit denen die Boxer immer trainieren? Vielleicht sollten wir so einen aufhängen und Sie können ihren ganzen Ärger daran auslassen!", schlägt Anja vor. Bei dieser Vorstellung fangen beide an zu lachen. Da Frau Schulze erzählt hatte, dass es ihr hilft, darüber sprechen zu können, entwickeln beide zusammen die Idee, mehr Kontakt zu anderen BewohnerInnen aus anderen Wohnbereichen zu knüpfen. So kann sie sich regelmäßig mit anderen austauschen, die vielleicht ähnliche Probleme haben.

Bei Frau Schulze hat eine Veränderung stattgefunden: Sie sieht sich nicht mehr hilflos und alleine mit ihrem Problem und hat so aus ihrer eigenen Starre herausgefunden. Sie ist bereit zur Lösung, eigene Ideen einzubringen und „ihr Schicksal selbst in die Hand zu nehmen".

 Auch ein wenig Humor kann in der Beratung nicht schaden, solange die BewohnerIn in der Lage ist, diesen zu teilen.

■ Fragen, die den Veränderungsprozess anregen

Fragen in Richtung Vergangenheit
- Kennen Sie die Situation von früher?
- Erinnern Sie sich dabei an ein Ereignis aus der Vergangenheit?

Der Rückschritt in die Vergangenheit regt den Denkprozess an und bringt die BewohnerIn weg von der jetzigen, scheinbar unveränderlichen Situation. Die Reise in die Vergangenheit bringt vergessene, alt bekannte Verhaltensmuster und Lösungsmöglichkeiten zu Tage.

Fragen in Richtung Gegenwart
- Was bedeutet das für Sie?
- Was empfinden Sie jetzt?
- Wie geht es Ihnen jetzt damit?

„Und wie geht es ihnen jetzt damit?", fragt Anja. Frau Schulze antwortet, dass sie sich schämt, manchmal so aus der Haut zu fahren. Die Altenpflegerin hat die Bewohnerin dazu gebracht, dass sie das aktuelle Gefühl verbalisiert.

 Wer seine Gefühle benennen kann, ist eher in der Lage, die Problemsituation für sich zu deuten und Veränderungsprozesse einzuleiten.

Fragen in Richtung Zukunft
- Was wünschen Sie sich?
- Was sehen Sie für Möglichkeiten?
- Was stellen Sie sich vor, wird passieren?
- Was könnten Sie neu ausprobieren?

Durch die Zukunftsorientierung setzt sich der Betroffene Ziele. Das aktive Moment (☞ 1.1.2) der Beratung tritt hierbei stark in den Vordergrund. Jetzt ist der alte Mensch gefragt, aktiv daran zu arbeiten, diese **eigenen** Ziele zu erreichen.

Diese beispielhaften zukunftsorientierten Fragen folgen der Technik des zirkulären Fragens (☞ 2.2.8). Das Konstruieren von Möglichkeiten und Lösungen durch das Einführen neuer Informationen und Sichtweisen steht dabei im Vordergrund und ist somit sowohl für die Klärungsphase als auch für die Veränderungsphase gut einzusetzen.

■ *Stützen und Bestätigen*

In dieser Phase und durch den Einsatz der oben genannten Fragen setzt sich der Betroffene konkret mit seinen Gefühlen auseinander. Dieser Prozess kann je nach Problemlage schmerzhaft und unangenehm für die alten Menschen sein. Umso wichtiger ist es, dass sie mit ihren Gefühlen nicht alleine gelassen werden (☞ 1.1.3).

Tipps für die Praxis

Die AltenpflegerIn stützt und bestätigt, indem sie:
- ▶ Negative Gefühle des alten Menschen aushält und **nicht** „wegwischt" mit Floskeln wie: „Das wird schon wieder!", „Es kommen auch wieder bessere Zeiten", „Anderen geht es noch viel schlechter als Ihnen"
- ▶ Dem alten Menschen Recht gibt: „Ja, das ist eine schlimme Situation für Sie."
- ▶ Positive Gefühle des alten Menschen teilt: „Lachen ist Balsam für die Seele", heißt es so schön und kann auch für die Beratung gut eingesetzt werden
- ▶ Entwickelte Lösungsmöglichkeiten bestätigt: „Ja, das ist eine gute Idee."

1

■ *Brainstorming*

Übersetzt heißt diese Methode Gehirn (Brain) durchstöbern (Storming) und wird üblicherweise in Arbeitsgruppen eingesetzt, die gemeinsam an Problemlösungsprozessen arbeiten. Ziel des Brainstormings ist, die normale und oftmals starre Denkstruktur durch das zügige Sammeln von Begriffen, Ideen und Assoziationen „in Aufruhr" zu bringen und auf Basis eines unvoreingenommenen und wertungsfreien Ideensammelns zu neuartigen Lösungswegen zu gelangen. Auch in der Beratung kann Brainstorming eine sinnvolle Methode sein, um Kreativität und damit auch positive Energie bei dem alten Menschen zu erzeugen und völlig neue Lösungsansätze zu finden.

Das Brainstorming beginnt mit einer Eingangsfrage:
- Was fällt Ihnen ein, z. B. zu:
  - „Wie lässt man seinem Ärger freien Lauf?"
- Mögliche Ideen wären:
  - „Ich schreie ganz laut!", „Ich knalle mit den Türen!", „Ich gehe an die frische Luft!"

Wichtige Punkte für die Ideensammlung:
- Bei der Sammlung keine Wertung vornehmen: Die Anzahl der Ideen ist wichtiger als deren Inhalt
- Gerade abwegige Ideen erhöhen die Kreativität und den Spaß
- Auch die BeraterIn darf Ideen vorbringen.

■ *Was heißt Lösung?*

Nicht immer kann wie im Fallbeispiel eine „sichtbare und anwendbare" Lösung des Problems gefunden werden. Dies ist manchmal weder sinnvoll noch erforderlich. Der Beratungserfolg hängt schließlich davon ab, ob es gelingt, dass der Betroffene seine subjektive Sichtweise verändert bzw. selbstständig zu neuen Erkenntnissen gelangt und dadurch für sich neue Handlungsmöglichkeiten erkennt.

1.4.4 Abschlussphase

Die BeraterIn fasst abschließend das Ergebnis des Gespräches zusammen und bietet weitere Hilfe an. Die letzte Phase ist auch immer eine Form des Abschiednehmens.

Fallbeispiel „Frau Schulze" Teil 4

„Sie haben gesagt, dass es Ihnen hilft, darüber zu sprechen, dass Sie Angst und Sorgen auch um sich selber haben. Wenn Sie sich aussprechen können, werden Sie Ihren Ärger um die Situation auf dem Wohnbereich und mit den MitbewohnerInnen los. Sie möchten gerne Kontakte zu anderen BewohnerInnen aus anderen Wohnbereichen, denen es ähnlich ergeht", fasst Anja das im Beratungsgespräch insgesamt herausgefundene zusammen. Frau Schulze antwortet: „Ja, ich glaube, dann würde es mir besser gehen und ich wäre auch geduldiger mit den anderen!" Anja stellt für sich fest, dass das Beratungsgespräch Frau Schulze geholfen hat, aber dass sie alleine nicht in der Lage sein wird, die Kontakte zu anderen BewohnerInnen zu knüpfen. „Ich werde Sie dabei unterstützen, andere BewohnerInnen kennen zu lernen", bietet Anja Frau Schulze an. Die Bewohnerin nimmt das Angebot dankend an und beide vereinbaren, sich darüber noch einmal zu unterhalten. Beide verabschieden sich voneinander und Anja sagt, dass sie Frau Schulze gerne wieder Unterstützung anbietet.

■ Resümee und Vereinbarungen

  Tipps für die Praxis

Fragen, die sich die BeraterIn zum Abschluss des Gespräches stellt:
- ▶ Wie war das Gespräch für den alten Menschen?
- ▶ Müssen weitere Hilfen angeboten werden?
- ▶ Was waren die wichtigsten Erkenntnisse im Gespräch?

Mit diesen Fragen ist es möglich, das Ergebnis entsprechend zusammenzufassen. Ob das Gespräch in den Augen der BeraterIn hilfreich oder eher störend verlaufen ist, bringt die BeraterIn in der Abschlussphase zum Ausdruck.

Die Zusammenfassung hält noch einmal alle wichtigen Ergebnisse (nicht nur die Lösung) des Gespräches bereit. Die BeraterIn kann an das Resümee anknüpfend Vereinbarungen über weitere Hilfestellungen mit dem alten Menschen treffen.

Auch ist es möglich, dem alten Menschen in der Abschlussphase eine gezielte Aufgabe mitzugeben, die er in seinem Lebensalltag zu erfüllen hat. Sinnvoll sind dabei zumeist Beobachtungsaufgaben, z. B. die Aufgabe an den Bewohner, sich selbst oder auch die anderen in der konkreten Problemsituation zu beobachten. Des Weiteren können die Aufgaben auch Handlungen beinhalten, z. B. kann die Beraterin dem Bewohner den Tipp geben, nicht immer sofort zu antworten, sondern für den ersten Augenblick zu schweigen. Die Aufgaben sind an die jeweilige Problemsituation des Betroffenen anzupassen und gemeinsam mit ihm zu stellen.

Techniken für das Beratungsgespräch

Das Gespräch ist Mittel für den Beratungsprozess. Im Beratungsgespräch wird dem alten Menschen die Hilfe geboten, die er für sein spezifisches Problem braucht. Dabei ist das Wissen um Kommunikationsprozesse für eine BeraterIn eine entscheidende Voraussetzung für die Gesprächsführung(☞ 1.2.1).

2.1 Kommunikation

Kommunikation ist ein sozialer Vorgang, in dessen Verlauf Menschen gegenseitig Verständigung organisieren und herstellen.
Wenn also zwei Menschen miteinander kommunizieren, entsteht ein Prozess, in dem:
- Der Sender durch das Aussenden von Informationen einen Inhalt vermittelt
- Der Empfänger diese Information wahrnimmt und darauf reagiert.

Aufgrund dieser Interaktion zwischen Sender und Empfänger kann es zu vielfältigen Missverständnissen und Störungen kommen. An dem Punkt, an dem sich Sender und Empfänger treffen, müssen sie, um sich zu verstehen, auf ein gemeinsames Wissen zurückgreifen können. Wenn zwei Menschen z. B. nicht die gleiche Sprache sprechen, werden Sie sich sprachlich auch nicht verständigen können.
In der Kommunikation mit alten Menschen entsteht manchmal ebenfalls der Eindruck, nicht die gleiche Sprache zu sprechen. Dem

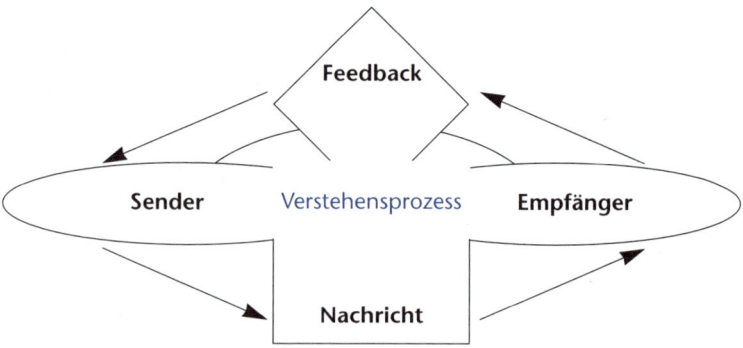

Abb. 5: Dialogische Kommunikation.

insgesamt verstärkten Bedürfnis der alten Menschen nach Kommunikation und Kontakt stehen oftmals alterstypische Behinderungen entgegen. Seh- und Hörbeeinträchtigung, Immobilität, Gedächtnisstörungen, verlangsamte Reaktionen sind einige der Beispiele für Hindernisse, die von den AltenpflegerInnen besonders in einem Beratungsgespräch mit Geduld berücksichtigt werden.

 Je mehr Geduld und Verständnis die BeraterIn für die Einschränkungen des alten Menschen walten lässt, desto eher lässt sich ein erfolgreiches Gespräch herstellen.

Um Missverständnissen und Störungen vorzubeugen und die Kommunikation gezielt für die Beratung nutzen zu können, ist es wichtig, die ablaufenden Prozesse zu verstehen. Der BeraterIn steht ein Methodeninventar an Gesprächstechniken zur Verfügung, mit dem sie den Kommunikationsprozess steuern kann.

Begriffsdefinition

Einfach gesagt bedeutet Kommunikation „**sich zu verständigen**". Enger definiert ist Kommunikation der Austausch von Mitteilungen und Informationen durch Sprache, Mimik, Blicke, Gestik, Schrift, Symbole etc. Somit kann jedes Verhalten mit Mitteilungscharakter in einem Interaktionsprozess als Kommunikation betrachtet werden.

2.1.1 Grundannahmen über menschliche Kommunikation

Die hier aufgeführten Annahmen beruhen auf der Basis von Watzlawicks Theorie.

■ Man kann nicht nicht kommunizieren

Wenn Menschen sich im Alltag bewegen, so nehmen sie einander wahr: mit Blicken, Gesten und Worten. Sie stimmen ihr Tun ständig aufeinander ab, d. h. sie verständigen sich, ob sie zusammengehören oder sich fremd sind, reden oder schweigen. Es ist folglich unmöglich,

2

in sozialen Situationen nicht zu kommunizieren. Der Grund dafür liegt darin, dass alle Beteiligten ständig das Verhalten in Bezug auf sich selbst interpretieren. Wir befinden uns in einem Netz von kommunikativen Beziehungen, in dem wir ständig kommunizieren.

Fallbeispiel

Zwei alte Damen sitzen sich schweigend am Tisch im Speiseraum gegenüber. Frau Meier nimmt ihre Zeitung. Während sie sich auf ihren Gehwagen stützt, nickt sie Frau Kempf freundlich zu und steht auf. Frau Meier sieht ihr lächelnd nach. Zwischen diesen beiden Damen hat sich eine Kommunikation eingestellt, die mit den Worten: „Ich wünsche Ihnen noch einen schönen Tag!" übersetzt werden kann.

Man verständigt sich also nicht nur durch das Sprechen, sondern vor allem durch das Verhalten. Das bedeutet gleichzeitig, dass man seinem Gegenüber immer etwas mitteilt, ob man nun möchte oder nicht. Ohne dass Menschen auch nur ein Wort sagen müssen, kann ein Nachrichtenfluss stattfinden – mit Blicken, Gesten, etc. wird dem anderen etwas mitgeteilt und sei es nur: „Ich will nicht mit dir reden." Diese erste von Watzlawick aufgestellte Grundannahme bedeutet: Jedes Verhalten in sozialen Situationen – jede Reaktion, jedes Handeln, aber auch jedes „Nichtbeachten" oder „Nichthandeln" – ist Kommunikation.

 Tipps für die Praxis

▶ Jedes Verhalten (auch Schweigen) im Beratungsgespräch als Mitteilung auffassen

▶ Sich bewusst machen, dass das eigene Verhalten auch immer eine Mitteilung an das Gegenüber ist.

■ *Jede Kommunikation hat einen Inhalts-*
   und einen Beziehungsaspekt

Jede Kommunikation (Mitteilung) enthält sowohl sachliche Informationen (Daten) als auch Auskunft über die Art der Beziehung der GesprächspartnerInnen. Diese doppelte Form der Mitteilung ist uns im Alltag oftmals nicht bewusst.

Der Inhaltsaspekt vermittelt die Daten, der Beziehungsaspekt weist an, wie diese Daten aufzufassen sind.

2

Schulz von Thun hat mit seinem Kommunikationsmodell der **„Vier Seiten einer Nachricht"** diese Grundannahme Watzlawicks weiter ausgebaut.

Vier Seiten einer Nachricht
Schulz von Thun unterscheidet an einer Nachricht vier bedeutsame Seiten:
- Sachinhalt
- Selbstkundgabe
- Beziehung
- Appell.

Während der Inhaltsaspekt den Sachinhalt umfasst, wird der Beziehungsaspekt in die anderen drei Seiten der Nachricht gegliedert.

Inhaltsaspekt	Beziehungsaspekt
• Sachinhalt	• Selbstkundgabe
	• Beziehung
	• Appell

Eine einfache Miteilung kann also völlig unterschiedlich aufgefasst werden, obwohl sich die Mitteilung in ihrem Inhalt nicht verändert.

Fallbeispiel „Frau Hesse" Teil 1
Die Pflegerin Kirstin kommt morgens zur Grundpflege zu Frau Hesse in die Wohnung. Frau Hesse ist bereits aufgestanden. Die Pflegerin trifft sie im Badezimmer an und wird mit den Worten begrüßt:
„Jetzt bin ich schon alleine aufgestanden!"

Abb.6: Die vier Seiten einer Nachricht nach Schulz von Thun.

In der Kommunikation sind stets alle vier Seiten einer Nachricht im Spiel. Die Kommunikationskompetenz der AltenpflegerIn zeigt sich, indem sie sich bewusst ist, dass sie mehr als nur eine Botschaft sendet. Sie „benutzt" nicht nur ihre zwei, sondern vier Ohren, um die unterschiedlichen Aspekte einer Nachricht herauszuhören (☞ 2.2.3).

 Tipps für die Praxis

Bei Unsicherheit kann eine offene Rückmeldung, welche Seite der Nachricht angekommen ist, Konflikte und Missverständnisse vermeiden.

Fallbeispiel „Frau Hesse" Teil 2

Pflegerin Kirstin: „Frau Hesse, Sie sollen doch nicht alleine aufstehen." „Aber wenn Sie doch nicht rechtzeitig kommen, dann bleibt mir ja nichts anderes übrig", antwortet Frau Hesse. Kirsten überlegt einen Moment, was Frau Hesse ihr eigentlich wirklich mitteilen möchte, dann fragt sie: „Frau Hesse, sind Sie enttäuscht von mir, dass ich nicht pünktlich gekommen bin?" „Ja! Jeden Morgen warte ich auf Sie und nie kommen sie rechtzeitig", schimpft Frau Hesse. Kirsten antwortet: „Das tut mir leid, dass Sie meinetwegen immer warten müssen. Ich bin morgens schon vorher bei einer Patientin. Da kann es manchmal etwas länger dauern. Lassen Sie uns doch gemeinsam überlegen, wie wir den Morgen besser planen können!"

2

Eine BeraterIn braucht Mut, Dinge offen zu legen. Im Fallbeispiel „Frau Hesse" hat die Altenpflegerin die Möglichkeit genutzt, den unausgesprochenen „Konflikt" anzusprechen.

■ *Digitale und Analoge Kommunikation*

Es gibt durchaus vielfältige und unterschiedliche Möglichkeiten, wie eine Nachricht kommuniziert werden kann. Dabei enthält Kommunikation immer verbale und nonverbale (☞ 1.4.1) Komponenten, die jeweils anders übermittelt werden und so auf andere Art und Weise auf die Nachricht schließen lassen.

Bei **verbaler** (sprachlicher) Kommunikation werden Mitteilungen **digital** übermittelt. Der Sender übersetzt seine Gedanken dabei in Worte bzw. Sätze, die vom Empfänger zurückübersetzt werden müssen.

Die Sprache dient also als digitales Kommunikationsmittel. Dabei sind die kleinsten informationstragenden Einheiten einer Sprache ihre Wörter (Zeichen). Um eine sprachliche Mitteilung zu machen ist es daher notwendig, die Gedanken in Worte zu fassen. Der Inhalt der Nachricht besteht demnach aus verschlüsselten (kodierten) Zeichen (Worte). Ein logischer Zusammenhang zwischen der eigentlichen Mitteilung, d. h. den Gedanken und den Worten, besteht dabei nicht und somit kann der Inhalt des Gesagten auch nicht erraten werden. Wenn zum Beispiel jemand spanisch spricht, wird man, ohne diese Sprache zu können, den Inhalt nicht verstehen können. Die Bedeutung steht zu den Worten in absolut willkürlicher Beziehung. Nur durch einen gemeinsamen „Sprachcode"

a) Eine Frage in englischer Sprache wird in deutscher Sprache beantwortet.
b) Die Fragende ist der deutschen Sprache nicht mächtig. Die Kommunikation ist gescheitert.

c) Die Fragende versucht ein zweites Mal die Uhrzeit zu erfahren. Anstatt in einer fremden Sprache zu antworten, bedient sich die Gefragte einer analogen Kommunikation.
d) Über das Bild der Uhr konnte die gewünschte Information vermittelt werden.

Abb. 7: Digitale Kommunikation beruht auf Vereinbarung, analoge Kommunikation auf Ähnlichkeit. Das Bild der Uhr vermittelt Information, die nicht von der Vereinbarung der Lautzeichen für ein Wort abhängig ist.

ist die Bedeutung eindeutig geregelt. Wegen dieser Eindeutigkeit ist die Sprache dafür prädestiniert, vor allem den Sachaspekt einer Nachricht übermitteln zu können.

2

Begriffsdefinition

„Digital" bedeutet Informationen in Zeichen darzustellen. Zum Beispiel wird bei einer Digitaluhr die Uhrzeit durch Zahlen angeben (z. B. Radiowecker) und nicht durch den laufenden Zeiger auf dem Ziffernblatt, wie bei einer Analoguhr (z. B. Kuckucksuhr). Eine Analogie bedeutet daher, dass eine Ähnlichkeit mit dem beschreibbaren Gegenstand vorliegt.

Die Kommunikation von **nonverbalen (nichtsprachlichen)** Signalen geschieht hingegen **analog**. Zwischen einer Geste oder dem Gesichtsausdruck und einem Sachverhalt besteht eine Ähnlichkeitsbeziehung. Zum Beispiel hat ein Mensch, der einen anderen weinen sieht, die Möglichkeit auf den Inhalt der Nachricht – in dem Fall „Traurigkeit" – zu schließen. Dabei erlauben die nonverbalen Signale nur eine ungefähre und indirekte Darstellung. So ist analoge Kommunikation zwar immer mehrdeutig, denn es könnten auch Freudentränen sein, sie hat dafür aber auch eine weitaus allgemeinere Gültigkeit als die digitale Kommunikation. Wenn ich z. B. im Radio ein Lied in unbekannter Sprache höre, werde ich es durch bloßes Hören diese Sprache niemals verstehen. Sehe ich aber den Sänger im Fernsehen, so besteht die Möglichkeit, dass sich Informationen aus der Beobachtung seines Gesichtsausdruckes und seiner Gesten ableiten lassen, obwohl der Sänger einer unbekannten Kultur angehört. Diese Informationen lassen dann eben weniger auf den Sachaspekt und mehr auf den Beziehungsaspekt der Nachricht schließen.

Durch ihren unmittelbaren Bezug zum Inhalt ist die analoge Kommunikation durch nonverbale Signale weitaus weniger abstrakt als die digitale Kommunikation durch die Sprache. Die Tabelle auf Seite 68 zeigt noch einmal die wesentlichen Unterschiede.

 Verbale und nonverbale Signale ergänzen sich in der Kommunikation und erleichtern durch ihr Zusammenspiel den Verstehensprozess.

Analoge Kommunikation	Digitale Kommunikation
Durch Gestik, Mimik etc. (nonverbale Signale)	Durch Sprache, Symbole etc. (verbale Signale)
Übermittelt den Beziehungsaspekt	Übermittelt den Inhaltsaspekt
Gibt inneren Regungen, Gefühlen, Befindlichkeiten unmittelbaren Ausdruck	Übersetzt die Wirklichkeit in ein System symbolhafter Zeichen
Ist Grundlage jeder zwischenmenschlichen Beziehung	Ist Grundlage von gemeinsamem Wissen
Mehrdeutig in ihrem Sachinhalt	Eindeutig in ihrem Sachinhalt
Gilt immer nur für die jeweilige Situation	Kann unabhängig von der jeweiligen Situation eingesetzt werden, z. B. ist die Vergangenheitsform möglich
Wird zumeist unbewusst eingesetzt	Wird kontrolliert und bewusst eingesetzt

(Vgl. Hirsch 1997; S. 47)

■ Kommunikation geschieht kreisförmig

Fallbeispiel
Altenpfleger Michael kommt zu Frau Lieblich ins Zimmer: „Sie haben ja schon wieder nicht aufgegessen – und getrunken haben Sie auch nichts!"
„Sie füllen ja auch immer viel zu viel auf den Teller. Dann habe ich schon keinen Hunger mehr", antwortet Frau Lieblich ärgerlich.
Michael hat diese Reaktion nicht erwartet: „Also Frau Lieblich, das ändert ja nun nichts an der Tatsache, dass Sie immer zuwenig essen und trinken!"

„Hier werde ich bald gar nichts mehr essen, dann hat das bald ein Ende. Und nun nehmen Sie endlich dieses Tablett mit!", sagt Frau Lieblich bestimmt.
„Aber das Trinken lasse ich stehen", sagt Michael und verlässt ärgerlich das Zimmer.

Wer hat angefangen? Was sich zwischen Altenpfleger Michael und Frau Lieblich abspielt, folgt einem berühmten Beispiel von Watzlawick. Das „Spiel" wird von Michael und Frau Lieblich unterschiedlich gesehen und interpretiert. Michael wird wahrscheinlich zu seinen Kollegen sagen: „Wenn Frau Lieblich immer so wenig isst und trinkt, muss ich doch was sagen." Und Frau Lieblich wird ihrem Sohn erzählen: „Immer wird man hier bevormundet, da muss man ja wenigstens beim Essen seinen Willen durchsetzen." Jeder interpretiert also das eigene Verhalten als Reaktion auf das Verhalten des anderen (☞ 1.1.3).

Die Eingangfrage, wer angefangen hat, kann nicht beantwortet werden. Kommunikation verläuft kreisförmig und hat damit weder Anfang noch Ende. Wenn der Konflikt zwischen Frau Lieblich und Altenpfleger Michael aufgelöst werden kann, dann dadurch, darüber zu sprechen, wie man miteinander kommuniziert (Metakommunikation). Damit könnten die beiden das Spiel und seine Regeln erkennen und neue Vereinbarungen treffen.

Metakommunikation
Die Frage: **„Wie wurde kommuniziert?"** wird in der Metakommunikation behandelt. Diese Form der Kommunikation ist dann hilfreich, wenn es um zwischenmenschliche Konflikte geht.

Mit ihrer Hilfe können die Kommunikationsinhalte sowie der Verlauf der Kommunikation im Beratungsprozess nutzbar gemacht werden. Dadurch kann erkannt werden, welchen Regeln der Kommunikationsablauf folgt, wie die jeweiligen Erwartungen der PartnerInnen sind und welche Möglichkeiten der Neuverabredungen getroffen werden können.

2.1.2 Ausgewählte Kommunikationskanäle

 Tipps für die Praxis

▶ Sich die Frage stellen: Welche Einschränkungen in Bezug auf die Kommunikationskanäle hat der alte Mensch, der beraten wird?

▶ Das eigene Kommunikationsverhalten auf die jeweiligen Einschränkungen des alten Menschen ausrichten.

Sprachliche Kommunikation – Gedanken in Worte fassen
Die Sprache befähigt Menschen, sich über ihr Denken auszutauschen. Durch die Sprache können Menschen wiedergeben, was sie wissen und verstehen, was sie erleben und erlebt haben, welche Einstellungen sie besitzen und vieles mehr. Sprache dient zum Ausdrücken von Gefühlen und inneren Zuständen, als Appell an die Umwelt und zum Bezeichnen von Gegenständen und Ereignissen. Vor allem „über Probleme zu sprechen", wird für viele als Erleichterung erlebt. Fehlen diese Möglichkeiten oder aber auch die Fähigkeiten, so kann dies zu seelischen und auch körperlichen Krankheiten führen. Auch erleichtert die Sprache das Finden von Lösungen. Durch die verbale Darstellung von Problemen können neue Gedanken ausgelöst werden und Lösungen gefunden werden.

 Alte Menschen, die ihre sprachlichen Fähigkeiten aufgrund von bestimmten Erkrankungen eingebüßt haben, sind mit der Psychosozialen Beratung kaum zu erreichen. Hier ist es aber unbedingt sinnvoll, über die anderen Kommunikationskanäle eine vertrauensvolle Beziehung herzustellen und zu pflegen.

Visuelle Kommunikation – mit den Augen sprechen
Die Augen sind das Sinnesorgan, mit dem der Mensch am meisten Informationen aufnimmt. Im Vergleich zu Tieren verfügen Menschen nicht nur über die größten sprachlichen Fähigkeiten, sondern auch über die größten mimischen Fähigkeiten.
Wenn wir jemanden anblicken, sehen wir nicht nur das äußere Verhalten. Vielmehr sind wir in der Lage, in den anderen hineinzusehen,

indem wir seine Gestik und Mimik beobachten und interpretieren (☞ 2.2.5). Wenn man einen Menschen gut kennt, sieht man ihm sofort an, ob er traurig oder fröhlich, besorgt oder verträumt ist.

Die Mimik, mit der wir Gefühle (Freude, Zorn, Trauer, Wut etc.) ausdrücken, ist im Wesentlichen angeboren und bei allen Menschen gleich. Dies bedeutet gleichzeitig, dass sich die Ausdrucksmuster nicht beliebig verändern lassen, ohne dass das Gesicht maskenhaft oder fassadenhaft wirkt.

 Tipps für die Praxis
Sich der Mimik bewusst werden, ohne diese bewusst zu verändern.

Bei alten Menschen kann sowohl die Sehfähigkeit als auch Ausdrucksfähigkeit vermindert sein. Für die Kommunikation bedeutet dies, dass dem alten Menschen ein Kommunikationskanal nicht zur Verfügung steht und dieser entsprechend kompensiert werden muss.

 Tipps für die Praxis
In der Beratung von stark Sehbehinderten oder blinden Menschen kann versucht werden, über verstärkten Körperkontakt den Kommunikationsprozess zu erleichtern und gleichzeitig Nähe herzustellen. Z. B. kann dies durch das Berühren der Hände oder des Unterarms versucht werden.

Akustische Kommunikation – der Ton macht die Musik
Der Inhalt des Gesagten, die Worte, sind nur ein kleiner Teil der gesamten Botschaft. Der Mensch ist in der Lage vieles allein mit der Stimme auszudrücken. Wie etwas gesagt wird, ist Teil der parasprachlichen Botschaft: Der Klang der Stimme, Tonfall, Tempo, Rhythmus, Lautstärke etc. sind zwar streng genommen keine verbalen Botschaften, stehen aber in engen Zusammenhang mit dem Inhalt. Wenn Menschen miteinander sprechen, so stehen sie miteinander in Beziehung. Die Qualität der Beziehung wird dabei weniger durch die Worte als eher durch die „Sprachmusik" bestimmt (☞ 2.2.5). Dabei hat der Tonfall einen entscheidenden Einfluss auf den Beziehungsaspekt – darauf, wie die Nachricht aufgefasst wird.

2

Übung

Führen Sie diese Übung zu zweit durch und verteilen Sie
Rollen von Sprecher und Zuhörer. Sagen Sie als Sprecher
ihrem Zuhörer folgenden Satz fünfmal hintereinander: „Gib
mir bitte meine Tasche, die liegt neben Dir auf dem Stuhl!"
Wenden Sie dabei einen jeweils agressiven, freundlichen,
wütenden, ungeduldigen und bittenden Tonfall an. Fragen
Sie den Zuhörer nach jedem Satz, wie die Nachricht bei ihm
angekommen ist.

Alter wird meist direkt gleichgesetzt mit dem Verlust des Hör-
sinnes. Im Umgang mit alten Menschen wird die Lautstärke häufig
automatisch nach oben geschraubt. Die erhöhte Lautstärke hat
aber Einfluss auf die gesamte Sprachmusik und somit auch auf die
Qualität der Beziehung. So kann es leicht passieren, dass lautes
Sprechen (oder Schreien) von Betroffenen als Bedrohung empfunden wird. Der Betroffene reagiert dann mit Abwehr.

 Tipps für die Praxis
Nur dann laut sprechen, wenn es wirklich nötig ist. Weil AltenpflegerInnen oftmals sehr laut sprechen müssen, bleibt es bei vielen bei
der erhöhten Lautstärke. Im Team kann man sich gegenseitig kontrollieren und so die Stimme auf Normalniveau halten.

Wenn alte Menschen beraten werden, die nur noch schwer hören
können, so muss man als BeraterIn versuchen, seine eigenen
sprachlichen Anteile gering zu halten. Ist die Schwerhörigkeit so
weit fortgeschritten, dass ein Gespräch eigentlich nicht mehr möglich ist, bleibt die Möglichkeit, Wesentliches aufzuschreiben.
Der Mangel an sprachlichem Kontakt kann schwerhörigen oder
gehörlosen Menschen das Gefühl vermitteln, aus der Gemeinschaft
ausgeschlossen zu sein. In der alltäglichen Pflegesituation wird in
diesem Fall versucht, dieses Gefühl durch Berührungen zu kompensieren.

Zur Kompetenz einer BeraterIn gehört nicht nur, das eigene Kommunikationsverhalten auf die Möglichkeiten des alten Menschen anzupassen, sondern ebenso die nonverbalen Signale des Betroffenen zu erkennen, um dessen gefühlsmäßige Befindlichkeit besser einschätzen zu können (☞ 2.2.5).

2

2.2 Spezielle Gesprächstechniken

In diesem Kapitel werden die wichtigsten Gesprächstechniken vorgestellt. Sie sind immer in Verbindung mit den Grundlagen über Psychosoziale Beratung zu sehen und einzusetzen.

Die einzelnen Techniken stehen in keiner bewussten Reihenfolge. Dafür stehen sie aber alle miteinander in Zusammenhang. Sie sind je nach Situation und Phase des Beratungsgespräches einzusetzen.

Das Kapitel erhebt weder den Anspruch auf Vollständigkeit noch werden die LeserInnen nach Beendigung des Buches die Techniken perfekt einsetzen können. Jedoch machen die Ausführungen und die Übungen sicherlich Mut, die eine oder andere Technik bei einem der nächsten (Beratungs-)Gespräche auszuprobieren.

2.2.1 Die Kunst des Zuhörens

„Reden ist ein Bedürfnis, Zuhören eine Kunst", sagte schon Goethe und trifft damit eine der Kerntechniken für den Beratungsprozess. Nur weil wir dem anderen gegenübersitzen und hören, was er sagt, hören wir noch lange nicht zu. Im Zuhören geht es vor allem darum, zu verstehen, was das Gegenüber mitteilt.

Zuhören bedeutet dabei nicht, stumm da zu sitzen, sondern zu signalisieren, dass dem Betroffenen aufmerksam, zugewandt und konzentriert zugehört wird.

Durch **wirkliches Zuhören** wird dem alten Menschen signalisiert, dass sich der Pflegende Zeit nimmt. Dabei muss das Beratungsge-

spräch nicht länger dauern als eine „normale Unterhaltung" mit
dem alten Menschen. Aus Sicht von Pflegebedürftigen bestehen die
wichtigsteten Aktivitäten von Pflegenden darin, da zu sein und sich
Zeit zu lassen (☞ 1.1.1). Wenn sich die Pflegenden auf ein Beratungsgespräch eingelassen haben, hilft das richtige Zuhörverhalten.
Sie richten ihre Aufmerksamkeit und Konzentration auf den alten
Menschen und vermitteln ihm damit das **Gefühl, Zeit für ihn** zu
haben.

Fallbeispiel
Schwester Ute: „Sie wollten mir etwas erzählen?"
Frau Müller: „Ja aber ich weiß gar nicht, ob das alles so wichtig ist.
Und sie haben ja bestimmt nicht viel Zeit."
Schwester Ute: „Wissen Sie Frau Müller ... ich setze mich jetzt eine
Viertelstunde zu Ihnen. Dann haben wir Zeit und sie können ganz in
Ruhe anfangen zu erzählen."
Frau Müller: „Ich weiß gar nicht, wo ich anfangen soll" (unterbricht
sich und wartet). Die Pflegekraft wartet ebenfalls.
Schwester Ute: „Manchmal ist es schwer, die richtigen Worte zu
finden."

Zuhören dient sowohl der Orientierung als auch der Klärung
der Problemsituation. Das Ziel besteht darin, dem Betroffenen ohne Unterbrechung zuzuhören, sich selbst zurückzuhalten, seine Aufnahmefähigkeit zu schulen und die Absicht der
KlientIn zu erfassen.

Ausreden lassen
Oftmals merkt man es gar nicht, wenn man andere Menschen im
Gespräch unterbricht. In der Erinnerung an sein letztes Gespräch,
ob mit dem Freund oder mit Kollegen, wird man sich dabei ertap-
pen, dass man Sätze des anderen vervollständigt hat, vielleicht mit-
ten in den Satz hineingesprochen hat und vielleicht sogar noch mit
den eigenen Gedanken beschäftigt war.

Im Alltagsgespräch ist diese Verhaltensweise normal und das ständige Hin und Her zwischen Sprechen und Zuhören folgt dem Bedürfnis, sich untereinander auszutauschen. Für das Beratungsgespräch ist allerdings etwas mehr Disziplin gefordert.

2

 Tipps für die Praxis

▶ Den alten Menschen in seinen Ausführungen nicht unterbrechen
▶ Sich auf das Gesagte konzentrieren und seine eigenen Gedanken in den Hintergrund stellen
▶ Nicht-Gesagtes nicht ergänzen, sondern besser erfragen
▶ Bei alten Menschen, die geneigt sind durch lange Reden vom Thema abzukommen, empfiehlt es sich eher, Luftholpausen für Fragen zu nutzen, die wieder zurück auf das Thema lenken.

Pausen zulassen
Für ein gutes Zuhörverhalten spricht auch, wenn die AltenpflegerIn in der Lage ist, auch in Sprechpausen nicht einzugreifen, sondern die Stille zu ertragen.

Diese Fähigkeit erscheint ebenso simpel, wie jemanden ausreden zu lassen. Dennoch ist die Realisation umso schwieriger. Ungewollte Pausen im Gespräch wirken oft peinlich. So bemühen sich die Gesprächspartner krampfhaft darum, die Pausen auf irgendeine Art zu überwinden. In der Beratung ermöglichen Pausen: Nachdenken, Resümieren, Sammeln oder einfach nur Luftholen. Pausen sind aber auch immer Hinweise auf:

• Geäußerte Inhalte: „Es tut weh, darüber zu sprechen."
• Die momentane Befindlichkeit: „Hier (in diesem Raum) ist es mir unangenehm, darüber zu sprechen."
• Die momentane Situation: „Mir fällt nichts ein, wie ich es Ihnen erklären soll."

Umso wichtiger ist es, dass Pausen ausgehalten werden und die AltenpflegerIn in ihrer Aufmerksamkeit nicht nachlässt. Bei langen Sprechpausen ist es sinnvoll, in Form einer Vermutung „Ihnen fällt es schwer, darüber zu sprechen?" den alten Menschen anzuregen.

Gerade alte Menschen sind durch ihre verlangsamten kognitiven Fähigkeiten auf diese Fähigkeiten einer BeraterIn angewiesen. Al-

2

tenpflegerInnen mit diesen Fähigkeiten können über das Beratungsgespräch hinaus so in jeder alltäglichen Begegnung die Befindlichkeiten, Probleme und Gefühle der Pflegebedürftigen besser wahrnehmen und verstehen.

Übungen

Einseitiges Zuhören: Setzten sie sich mit einem Freund oder Kollegen für ca. 15 Minuten zusammen und versuchen Sie, die Übung durchzuführen. Dabei übernimmt einer die Rolle des Beraters und einer die des Klienten. Der Klient hat die Aufgabe, etwas zu erzählen. Allerdings nur solange er möchte; der Inhalt ist dabei freigestellt. Tauschen Sie sich nach der Übung aus, wie es ihnen jeweils ergangen ist.

Bei dieser Übung hat die BeraterIn die Aufgabe, dem Betroffenen einfach „nur" zuzuhören, ohne ihn zu unterbrechen. Es ist lediglich erlaubt, Verständnisfragen zu stellen. Nach Beendigung dieser Übung werden die Rollen getauscht.

2.2.2 Spiegeln

Beim Spiegeln tritt das aktive Moment des Zuhörens in den Vordergrund. Denn diese Methode fördert das Zuhören, indem die BeraterIn sich auch verbal selbst aktiv beteiligt. Durch das Spiegeln bringt die BeraterIn ihre Aufmerksamkeit, Konzentration und das Verstehen zum Ausdruck. Dabei beziehen sich die Äußerungen der BeraterIn aber immer auf die Aussagen der KlientInnen. So kann sich die BeraterIn aktiv an der Klärung der Problemsituation beteiligen.

Das Prinzip des Spiegelns beruht darauf, dass der Pflegende dem alten Menschen gegenüber wiedergibt, was er gehört und verstanden hat. Es gibt drei verschiedene Möglichkeiten das Spiegeln anzuwenden:

- Wiedergeben
- Paraphrasieren
- Verbalisieren

2

Fallbeispiel

Herr Lock: „Immer diese Krankengymnastik, das nützt ja eh nichts. Die anderen können ja hingehen, aber mich können Sie heute hier lassen."

Schwester Paula: „Sie wollen die Krankengymnastik nicht mehr mitmachen?" (Paraphrasieren)

Herr Lock: „Sie sagen es. Wir sitzen da im Kreis und sollen komische Übungen machen. Davon werde ich auch nicht wieder gesund."

Schwester Paula: „Sie ärgern sich, dass Ihnen die Übungen nicht weiterhelfen?" (Verbalisieren)

■ Wiedergeben/Zusammenfassen

Die leichteste Methode des Spiegelns ist die der wörtlichen Wiederholung. Sie dient der BeraterIn vor allem dazu, die Konzentration beizubehalten und zu signalisieren, dass aufmerksam zugehört wird. Diese Methode ist nur bei längeren Ausführungen zu empfehlen, um dem alten Menschen eine geordnete Zusammenfassung des Gesagten anzubieten.

Übungen

Nutzen Sie das nächste Gespräch mit einem guten Freund, um diese Methode auszuprobieren. Geben Sie Ihrem Partner den Auftrag, spontan das auszusprechen, was ihm durch den Kopf geht.

• Wiederholen

Bei dieser Übung haben Sie die Aufgabe, im Sinne des Spiegelns, das Gesagte wortwörtlich zu wiederholen. Benutzen Sie dabei die Wortwahl ihres Partners und fügen sie hier weder eigene Gedanken noch Interpretationen hinzu.

• Wiederholen, danach erweitern

Nach jedem Beitrag des Übungspartners wiederholt derjenige, der die Beraterrolle übernommen hat, das vorher Gesagte und darf erst danach seine eigenen Gedanken einfügen. Z. B. sagt der eine Übungspartner: „Ich habe heute solche Schmerzen?" Der andere Übungspartner reagiert mit den

Worten: „Sie haben heute Schmerzen. Ich kann mir vorstellen, dass sie das belastet".
Wenn Ihrem Partner keine Aussagen mehr einfallen, kann getauscht werden.

Beim Durchführen der Übungen wird die BeraterIn merken, dass das sofortige Wiederholen von kurzen Äußerungen der KlientIn der Gefahr unterliegt, dass die Aussagen der BeraterIn wie die eines Papageis erlebt werden.

■ *Paraphrasieren*

Bei dieser Methode spiegelt die AltenpflegerIn das Gehörte mit eigenen Worten und versucht, gleichzeitig zum Ausdruck zu bringen, was sie glaubt, verstanden zu haben (☞ Übung).
Es bewährt sich dabei, die Aussage als „schwebende Frage" zu formulieren. Denn so bleibt offen, ob das Gespiegelte für die KlientIn auch zutreffend ist. Für den alten Menschen ist es dann leichter, die AltenpflegerIn zu korrigieren. Zum Beispiel wäre die Aussage „Wenn das mit der Krankengymnastik so weiter geht, mache ich nicht mehr mit" als schwebende Frage „Sie wollen die Krankengymnastik nicht mehr mitmachen?" zu spiegeln.
Mit der Methode des Paraphrasierens gibt man dem alten Menschen zu verstehen, wie man das Gesagte aufgenommen und verstanden hat. Es gewährleistet so das richtige Verstehen des Gesagten und Erlebten und bietet die Gelegenheit, Missverständnisse frühzeitig zu erkennen und zu beseitigen. Indem die BeraterIn paraphrasiert, kann sich die Problemsituation der KlientIn weiter konkretisieren und klären.

■ *Verbalisieren*

Beim Verbalisieren wird im Gegensatz zum Paraphrasieren nicht die Sachaussage, sondern die Beziehungsaussage erfasst (☞ 2.1). Somit ist diese Methode besonders geeignet, um das Erleben und Fühlen der KlientInnen anzusprechen. Auch hier kann mit schwebenden Fragen gespiegelt werden.

2

Dem alten Menschen können so seine Gefühle bewusst werden. Durch dieses Wissen und Erkennen besteht die Möglichkeit, neue Lösungen zu entdecken (☞ 1.3).

So wird eine Beraterin z. B. mit der Aussage konfrontiert: „Meine Kinder kommen überhaupt nicht mehr, dabei habe ich doch immer für Sie gesorgt. Sie haben für ihre Mutter einfach nichts mehr übrig." Die Beraterin versucht, sich die Gefühle des alten Menschen, der diese Aussage macht, vorzustellen. Sie kommt zu dem Schluss, dass Trauer, Wut und Enttäuschung wahrscheinlich die vorherrschenden Gefühle des Betroffenen in dieser Situation sind. Wenn die Beraterin die Methode des Spiegelns in dieser Situation für angebracht hält, wird sie z. B. fragen: „Sie empfinden, dass **Ihre** Kinder sie enttäuscht haben?" oder „Fühlen **Sie** sich alleine gelassen, nachdem sie ihr ganzes Leben für Ihre Kinder da waren?"

Übungen

Versuchen Sie, die Gefühle zu erkennen, die hinter den Aussagen 1–5 stehen, und spiegeln Sie diese Aussagen, indem Sie das zugrunde liegende Gefühl ansprechen.

Aussagen:

1) „Jetzt brauche ich meine Kinder doch wirklich. Und jetzt kommen sie so gut wie nie."
2) „Ich werde wohl nicht wieder gesund werden."
3) „Wenn Frau Müller klingelt, kommt immer gleich jemand. Und ich muss immer so lange warten."
4) „Glauben Sie, dass ich es schaffen kann, wieder alleine zu laufen?"
5) „Sehen Sie zu, dass sie rauskommen."

 Tipps für die Praxis

▶ Kurz, konkret und anschaulich spiegeln
▶ Folgende Leitfragen kann sich die BeraterIn beim Spiegeln stellen:
  – Was bedeutet die geschilderte Situation für den alten Menschen?
  – Was geht in dem alten Menschen vor?

▶ Mit der Anrede „Sie …" spiegeln (wie im obigen Beispiel). Die
  Wörter „ich", „wir" oder „man" meiden.
▶ Übung macht den Meister: Das anfängliche Echohafte und Me-
  chanische verschwindet von ganz alleine.

Übungen
Mit Worten Gefühle beschreiben.
Notieren Sie sich zu den folgenden Begriffen die Adjektive, die
Ihnen spontan einfallen und die in Bezug auf die Begriffe die
bei Ihnen ausgelösten Gefühle bzw. Assoziationen beschreiben. Bearbeiten Sie nicht alle Begriffe auf einmal, suchen Sie
sich für den Anfang die heraus, die ihnen leicht fallen:

Begriffe	Adjektive für ausgelöste Gefühle und Assoziationen
Beispiel: Glück	• freudig • zufrieden • geborgen • etc.
Beruf	
Partnerschaft	
Freizeit	
Kindheit	
Alter	
Wut	
Erfolg	

Begriffe	Adjektive für ausgelöste Gefühle und Assoziationen
Liebe	
Freundschaft	
Hoffnung	
Entspannung	
Kinder	
Familie	

2.2.3 Vielhören

Die BeraterIn lernt, die Nachrichten mit ihren verschiedenen Seiten (☞ 2.1.1) vollständig und situationsgemäß zu entschlüsseln, um angemessen darauf reagieren zu können. Um die verschiedenen Seiten einer Nachricht besser erschließen zu können, kann die BeraterIn sich entsprechende Hilfsfragen stellen:

- **Sach-Ohr**
  Der Sachaspekt einer Nachricht umschreibt den konkreten Inhalt (Sachinformation). Mit der Hilfsfrage „Um welchen Inhalt geht es?" kann der Sachaspekt erschlossen werden.

- **Selbstkundgabe-Ohr**
  In jeder Nachricht stecken neben den sachlichen Informationen auch Informationen über die Person, die die Nachricht gesendet hat. Im Gespräch erfährt die AltenpflegerIn etwas über den alten Menschen und seine Beziehung zu dem Problem. Hilfsfrage: „Welche Beziehung hat der Sender zur Sache? Was sagt er über sich selbst aus?"

2

- **Beziehungs-Ohr**
  Aus der Nachricht geht auch hervor, wie der Sender zum Empfänger steht. Wie er die Beziehung zwischen den beiden sieht. Dieser Aspekt wird eigentlich nur indirekt kommuniziert und ist zwischen den Zeilen und in nonverbalen Signalen versteckt. Hilfsfrage: „Welche Beziehung hat der Sender zum Empfänger?"
- **Appell-Ohr**
  Eine Nachricht dient dazu, den Empfänger zu etwas zu veranlassen. In diesem Aspekt werden die Erwartungshaltungen deutlich, die der Sender auszudrücken versucht. Hilfsfrage: „Was erwartet der Sender vom Empfänger?"

Im Rahmen der Gespräche wird von der BeraterIn häufig nur der Sachaspekt bewusst wahrgenommen, obwohl der konkrete Inhalt oftmals nur Hilfsmittel ist, um das eigentliche Problem auszudrücken. Aus diesem Grund ist es wichtig, aus dem Gesagten herauszuhören, welcher der vier Aspekte dem Anliegen des alten Menschen am nächsten kommt und diesen zu spiegeln. Wenn die BeraterIn den eigentlichen Inhalt des Gesagten noch nicht genau erfasst hat, können sich beide gemeinsam auf diese Weise an den wichtigsten Aspekt und dessen Bedeutung herantasten.

Mit Hilfe der Methode des Spiegelns können also verschiedene mögliche Aspekte der Nachricht von der BeraterIn als Frage verbalisiert werden. Zunächst prüft die BeraterIn die Aussage des Klienten nach den verschiedenen Aspekten, die diese Nachricht enthalten könnte. Dies kann folgendermaßen aussehen:

Auf die Aussage hin: **„Mir fällt es schwer, auf andere zuzugehen!"**, überlegt die BeraterIn, ob sie am ehesten einen Sach-, Selbstkundgabe-, Beziehungs- oder Appelaspekt heraushören kann. Sie kann mit der entsprechenden Frage an den Klienten überprüfen, ob die von ihr interpretierten Aspekte tatsächlich in der Nachricht enthalten waren (Tabelle S. 83).

Einerseits kann die Beraterin mit den Fragen überprüfen, ob Sie die Nachricht richtig verstanden hat, andererseits bietet dieses Nachfragen dem Klienten damit gleichzeitig die Möglichkeit, sich über diese Aspekte bewusst zu werden. Beide Möglichkeiten können für eine gemeinsame Lösungsfindung des Problems hilfreich sein.

Aussage: „Mir fällt es schwer, auf andere zuzugehen!"	
Aspekte	**Erfragen der Nachricht**
Sachinhalt	Sie haben wenig Kontakt?
Selbstkundgabe	Es fällt Ihnen auch jetzt schwer, offen zu erzählen?
Beziehungshinweis	Haben Sie Angst, dass Sie mir nicht vertrauen können?
Appell	Sie wollen, dass ich Ihnen die unangenehme Situation abnehme, indem ich etwas sagen soll?
Wahrscheinlicher Hauptaspekt „Selbstkundgabe"	

Übungen

Versuchen Sie bei den folgenden Äußerungen älterer Menschen in einer Beratungssituation die möglichen **vier Aspekte** herauszufinden:

- „Man weiß ja gar nicht, was noch alles auf einen zukommt."
- „Ich kann das ja sowieso nicht mehr."
- „Es ist ja nett, mit Ihnen zu sprechen, aber was wollen Sie denn tun, um mir zu helfen?"
- „Meinen Kindern ist doch völlig egal, wie es mir geht."

Überlegen Sie sich jeweils, wie sie auf die Aussage reagieren würden:

- Mit welcher Frage überprüfen Sie herausgehörte Aspekte?
- Welchen **Hauptaspekt** glauben Sie herauszuhören?
- Notieren Sie Ihre Fragen und markieren Sie den Hauptaspekt, der Ihrer Meinung nach in der Aussage versteckt ist.
- Fangen Sie mit den Aspekten an, die Ihnen leicht fallen, auch wenn Ihnen nicht zu jeder Aussage vier Aspekte einfallen.

In der Beratungssituation wird die Beraterin wahrscheinlich nicht jede Aussage nach allen Aspekten hinterfragen. Zum Üben ist es jedoch durchaus sinnvoll, dies einmal exemplarisch durchzuführen, damit man später für alle Teile der Nachricht ein „offenes Ohr" hat.

2.2.4 Fokussieren

Ältere Menschen neigen manchmal dazu, ihre Probleme diffus und ungeordnet zu erzählen. Oftmals springen sie zwischen verschiedenen Themen und Situationen. Fokussieren bedeutet, den alten Menschen aufzufordern, für das Problem eine konkrete Situation zu schildern.

Schon im Fallbeispiel mit Frau Schulze wurde diese Technik von Altenpflegerin Anja angewandt (☞ 1.4.1).

Fallbeispiel „Frau Kessler" Teil 1

Frau Kessler: „Hier hört einem keiner zu. Alles geht immer schnell-schnell. Und die anderen ... alle alt. Schreien und klopfen auf den Tischen rum. Das kann man ja gar nicht aushalten."

Altenpflegerin Gabi: „Können Sie das etwas genauer erzählen?"

Frau Kessler: „Wie genauer? Sie müssen das doch verstehen! Nie hat man hier seine Ruhe. Noch nicht mal in seinem eigenen Zimmer. Ständig kommt jemand rein. Und wenn man dann mal klingelt, ... ja, dann kommt keiner."

Altenpflegerin Gabi: „Können Sie sich an eine ganz konkrete Situation erinnern, die sie sehr schlimm fanden?"

Frau Kessler: „Heute morgen zum Beispiel. Peter hat mich zum Frühstücken in den Speiseraum geschoben und da war diese eine Frau schon an meinem Frühstückstablett. Hat sich einfach was genommen. Sie hat einfach mein Brötchen gegessen und mir den Rest auf meinen Teller gelegt. Das geht doch nicht!"

Frau Kessler hat Gabi zuerst viele Situationsbeschreibungen gegeben und so versucht, ihr Problem zu verdeutlichen. Diese Beschreibungen waren dabei nicht besonders präzise und haben Anja wenig

Raum gelassen, Hintergründe anzusprechen. Um mehr Klarheit zu erhalten und vielleicht auch eine Veränderung einzuleiten, hat Anja das Problem auf eine Situation hin fokussiert, indem sie Frau Schulze aufgefordert hat, eine typische Situation genauer zu schildern, die mit dem Problem im Zusammenhang steht. Jetzt kann Anja versuchen, an dieser konkret geschilderten Situation gemeinsam mit Frau Schulze das eigentliche Problem zu erkennen.

 Tipps für die Praxis

Folgenden Aufforderungen eignen sich z. B., um das Problem zu fokusieren:

▶ „Damit ich Sie besser verstehe, erzählen Sie mir doch mal eine Situation genauer, in der das Problem aufgetreten ist."

▶ „Bis jetzt haben Sie mir viele unterschiedliche Situationen/ Erlebnisse erzählt. Erzählen Sie mir mal eine Situation, in der das Problem besonders stark aufgetreten ist."

Beim freien Erzählen gibt der alte Mensch vielfach verschiedene Situationsbeschreibungen, mit denen er seine Problematik verdeutlichen möchte. Ohne die Fokussierung auf eine bestimmte Situation gelingt es nicht, die zugrunde liegenden Reaktionen, Verhaltensweisen und Gefühle genauer zu betrachten. Hinter den zunächst unterschiedlich erscheinenden Situationen lassen sich häufig Grundmuster und Bedeutungen erkennen. Diese Grundmuster kann der Betroffene und die BeraterIn jedoch meist erst herausfinden, wenn eine einzige Situation genauer analysiert ist. Die Kenntnis der Grundstrukturen kann helfen, das akute Problem des Betroffenen zu bearbeiten.

Übungen

Nutzen Sie ruhig die Alltagsgespräche mit FreundInnen, Bekannten, KollegInnen, wenn diese Ihnen von Problemen erzählen.
Beispiel:
„Meine Arbeitskollegen nerven mich im Moment wirklich. Andauernd kriege ich die Arbeit auf's Auge gedrückt."

2

Fordern Sie Ihre Bekannten ruhig auf, die Situation genauer zu schildern.
Versuchen Sie, diese Technik auch in dem nächsten Gespräch mit einer BewohnerIn einzusetzen.

■ *Die Gefühle und Gedanken in die Gegenwart holen*

Wenn Menschen von Erlebnissen und den damit zusammenhängenden Gefühlen und Gedanken berichten, dann sprechen sie in der Vergangenheit, denn sie erzählen von etwas, das bereits geschehen ist. Diese Erzählform erschwert es jedoch, die momentane Bedeutung zu erfassen. Für die Beratung kann es daher nützlich sein, den Betroffenen aufzufordern, das Erlebnis so zu beschreiben, als ob es gerade in diesem Augenblick geschieht (☞ 1.4.3).

Fallbeispiel „Frau Kessler" Teil 2
Gabi fragt Frau Kessler, was sie bei der Erinnerung an heute Morgen fühlt. Die Bewohnerin antwortet, dass sie wütend darüber ist, dass hier so etwas passiert. Gabi stützt Frau Schulze bei diesem Gefühl, indem sie bestätigt, dass sie versteht, dass Frau Schulze wütend ist.
„Machen wir hier ruhig mal eine kurze Pause", sagt Gabi. „Sie haben mir erzählt, was heute Morgen passiert ist. Versuchen Sie, das, was passiert ist, so zu erzählen, als ob es jetzt gerade geschehen würde", fordert Gabi auf.
Frau Kessler ist skeptisch und unsicher: „Ach, ich weiß nicht, das bringt doch nichts."
Gabi motiviert sie: „Versuchen Sie es ruhig mal, dann hab ich die Chance, Sie besser zu verstehen."
Frau Kessler fährt mit ihrer Erzählung fort: „Na gut, also: Da steht also diese Frau und legt mir die angebissene Hälfte von meinem Brötchen direkt auf meinen Teller. Das finde ich wirklich eklig."
Gabi fragt: „Und was tun sie jetzt?"
„Na, ich schimpfe sie laut aus!", antwortet Frau Kessler.
„Was sagen Sie zu ihr", fragt Anja konkret?
Frau Kessler antwortet mit erhobener Stimme: „Nehmen Sie das sofort wieder weg, so was Unverschämtes."

2

Anja hat Frau Kessler dazu gebracht, das Gefühl mit in ihre Schilderung zu bringen. Sie erlebt es im Gespräch mit Anja noch einmal und wird jetzt in diesem Gespräch von Anja aufgefangen. Anders als in der eigentlichen Situation und den vielen anderen Situationen, in denen sie sich alleine gelassen fühlte, hat sie jetzt die Gelegenheit, sich auszusprechen und ihre eigene Reaktion und Gefühlslage besser zu verstehen.

> Um die derzeitige Bedeutung der geschilderten Zusammenhänge abschätzen zu können, ist es angebracht, das Erlebnis in die Gegenwart zu holen. So wird es wahrscheinlicher, dass die aktuellen und wichtigen Gefühle geschildert werden.

2.2.5 Nonverbale Signale erkennen und ansprechen

Durch seine nonverbalen Signale übermittelt der alte Mensch und auch die BeraterIn das emotionale Befinden (☞ 2.1.1). Diese durch die nonverbalen Signale ausgedrückten Gefühle beziehen sich vor allem auf die jeweilige Gesprächssituation. Gleichzeitig müssen sie aber im Zusammenhang mit der Wesensart, den physischen Einschränkungen und der Lebensgeschichte des Betroffenen gesehen werden. Diejenigen AltenpfegerInnen, die sich mit der „Körpersprache" der alten Menschen, aber auch mit ihrer eigenen bewusst befassen, werden mehr Einfühlungsvermögen und Verständnis für die Situation entwickeln. Die AltenpflegerIn, die darüber hinaus noch in der Lage ist, die nonverbalen Signale zu verbalisieren, kann sowohl für den alten Menschen als auch für sich selbst mehr Klarheit über das Problem schaffen.

> Je besser die BeraterIn in der Wahrnehmung der „Körpersprache" geschult ist, desto eher wird sie in der Gesprächssituation automatisch die nonverbalen Signale aufnehmen, deuten und verbalisieren können.

■ *Wahrnehmungsschulung*

Ein Signal alleine hat noch keine Aussagekraft. Daher sind die non-verbalen Signale in Verbindung zueinander zu sehen. Die Körpersprache eines Menschen findet Ausdruck in Mimik, Gestik, Haltung und Abstand.

Ob ein Mensch z. B. Tränen der Freude oder Tränen des Schmerzes vergießt, ob er verlegen, vor Freude oder überheblich lächelt, ist auf den ersten Blick nicht immer eindeutig. Da nonverbale Signale analog übermittelt werden, besitzen sie keine Eindeutigkeit. Ein Irrtum ist immer möglich (☞ 2.1.1).

Je besser die Wahrnehmung der eigenen Körpersprache ist, desto besser ist die Wahrnehmung der Körpersprache der anderen.

Übungen
- Versuchen Sie, Ihre eigenen nonverbalen Signale wie ein Reporter festzuhalten.
- Versuchen Sie, 15 Minuten lang jedes körpersprachliche Signal, das Sie an sich entdecken, wörtlich zu beschreiben, z. B. „ich merke, dass ich mir auf die Unterlippe beiße".
- Versuchen Sie, die nonverbalen Signale einer anderen Person nachzuahmen. Wenn Sie eine anwesende Person nachahmen, klären Sie diese zuvor über ihre Übung auf. Sie könnten diese Person sonst verärgern. Unproblematischer können Sie diese Übung durchführen, indem Sie Figuren in einem Film nachahmen. Wundern Sie sich nicht, wenn es Ihnen schwer fällt.

Mimik
Bei der Übermittlung des emotionalen Zustands spielt vor allem der Gesichtsausdruck eine große Rolle. Erröten, Blasswerden, Wei-

nen, Weitung der Pupillen etc. lassen sich kaum steuern bzw. unterdrücken und sind für eine aufmerksame KommunikationspartnerIn offensichtlich.

Mit dem Muskelspiel unserer Mimik (Bewegungen der Mundregion, Nase, Augenbrauen usw.) können wir Gemütsbewegungen wie Trauer, Freude, Angst etc. Ausdruck verleihen.

Hier einige Beispiele für beobachtbare Erscheinungen im Gesicht eines Menschen:

Beobachtbare Erscheinung	Mögliche Deutung
Augenkontakt wird gehalten	Der Augenkontakt kann ein Indikator für das Interesse sein. Ein offener fester Blick ist dadurch gekennzeichnet, dass der Blick von einem Auge zum anderen wandert
Senken bzw. Schließen der Augen	Kann Desinteresse bedeuten
Zusammengepresste Lippen	Kann auf innere Anspannung/Abschottung hinweisen
Mundwinkel verziehen	Kann auf Ekel, Abscheu, Ablehnung hinweisen
Im Gesicht rot werden	Kann darauf hinweisen, dass jemand in einer peinlichen Situation ist. Kann auch Aufregung und Unsicherheit bedeuten
Geweitete Pupillen	Weist auf Interesse hin. Menschen mit geweiteten Pupillen wirken sympathischer

Mit folgenden Übungen können Sie sehen, dass unsere Körpersprache auf unser Gefühl zurückwirkt.

2

Übungen

- Halten Sie einen Stift mit den Zähnen fest, ohne ihn mit den Lippen zu berühren. Dies beansprucht ihre Gesichts-muskulatur ähnlich wie ein Lächeln und führt zu einer Hormonausschüttung im Gehirn. Wenn sich ihre Laune verbessert, hat die Wissenschaft Recht behalten.
- Stellen Sie sich vor einen Spiegel und essen sie etwas Bit-teres. Beobachten Sie, was Sie sehen und welche Gefühls-veränderungen Sie spüren. Probieren Sie dies auch mit einer süßen Speise.
- Versuchen Sie bei nächster Gelegenheit bei einem kurzen Gespräch auf Ihren eigenen und den Augenkontakt Ihres Gesprächspartners zu achten. Versuchen Sie festzustellen, was ein „guter" Augenkontakt ist. Vielleicht werden Sie dabei bemerken, dass der Zuhörer den Augenkontakt über die ganze Zeit hält, während der Sprecher zwischen hin- und wegblicken wechselt.

Gestik

Die Sprache der Hände vermag recht viele Informationen über den verbalen Inhalt hinaus zu geben. Die Gestik unter Kontrolle zu bringen, ist fast genauso schwierig, wie die Mimik zu kontrollieren. Jemand, der versucht, trotz innerer Anspannung äußerlich ruhig zu wirken, wird vielleicht gar nicht merken, wie er mit den Finger-kuppen auf die Tischplatte klopft.

Mit der Gestik eines Menschen sind alle seine Gebärden der Arme und Hände zu verstehen. Auch hierzu einige ausgewählte Beispie-le:

Beobachtbare Erscheinung	Mögliche Deutung
Das Kinn streicheln	Weist auf Nachdenklichkeit und Sicherheit hin

Beobachtbare Erscheinung	Mögliche Deutung
Arme vor der Brust verschränken oder auch einen Gegenstand wie ein Schutzschild an sich drücken	Deutet auf eine geschlossene Haltung hin, die mit Abwehr und Unsicherheit verbunden sein kann
Mit den Fingern den Mund verdecken	Weist wegen der Schutzfunktion der Hand ebenfalls auf eine geschlossene Haltung hin. Andere zwingt es, mehr Aufmerksamkeit walten zu lassen, weil man schlechter versteht
Mit den Fingern trommeln	Kann Unsicherheit/Nervosität bedeuten
Sich die Hände reiben	Hinweis auf Freude und Sicherheit der Person

 Gesten unterstreichen vor allem den verbalen Inhalt einer Mitteilung. Je stärker dabei die Gefühle angesprochen werden, desto akzentuierter wird auch die Gestik.

Körperhaltung und Intimzone
Die äußere Haltung, die ein Mensch einnimmt, kann Indiz für seine innere Haltung sein. Ebenfalls seine Bewegungen können Auskunft über seine Gefühlslage geben, so z. B.:

Beobachtbare Erscheinung	Mögliche Deutung
Ständig in Bewegung: kein ruhiger Stand, herumrutschen auf dem Stuhl	Kann Unsicherheit und Nervosität bedeuten. Unwohlsein kann so zum Ausdruck gebracht werden

Beobachtbare Erscheinung	Mögliche Deutung
Oberkörper leicht nach vorne ge-beugt, aber dabei fest auf dem Stuhl sitzend	Zeigt eine offene und interessierte Haltung
Weit zurückgelehnt in den Stuhl	Kann auf Überheblichkeit hindeuten
Die Hände um die Stuhllehne geklammert	Kann auf Unsicherheit hindeuten

Aber nicht nur der Körperhaltung, sondern ebenso dem Abstand, den man zum Gegenüber einhält und der mit Bewegungen (z. B. plötzliches Zurückweichen) verändert wird, ist Bedeutung beizumessen. Menschen umgeben ihren Körper mit einer unsichtbaren Blase, die sie vor Übergriffen und nicht gewünschter Nähe schützt. Diese Blase ist für unterschiedliche Situationen als Regel für den Umgang miteinander definiert.

Nach Hall segmentieren Menschen ihre Umgebung in vier abgegrenzte Regionen, für die jeweils sehr unterschiedliche Normen, Erwartungen und Verhaltensweisen gelten:

- Die intime Zone (ca. 0–60 cm)
  Dieser Raum ist im Normalfall LebenspartnerInnen, Geliebten, Kindern und engen Familienangehörigen sowie engen Freunden vorbehalten. Auf dieser Distanz können Menschen sich eigentlich überall berühren, riechen und spüren. Das Übertreten dieser Zone wird Fremden nur in einer professionellen Beziehung gestattet. Bei Angehörigen medizinisch-pflegerischer Berufe akzeptieren die Pflegebedürftigen häufig, ebenso hautnah berührt zu werden wie von seinen engsten Kontaktpersonen
- Die persönliche Zone (ca. 60 cm–1,20 m)
  Auf der Distanz einer Armlänge ist es Freunden gestattet, sich zu nähern, ohne das man zurückweichen wird. Beim Betreten des persönlichen Raums sind bestimmte Berührungen, z. B. den Arm auf die Schulter legen, noch möglich und ebenso erlaubt

- Die soziale Zone (ca. 1,20–3,30 m)
  In den meisten sozialen Interaktionen, z. B. bei der Arbeit, beim Einkaufen, im Theater, halten die Menschen diesen Abstand ein. Hier sind körperliche Berührungen bereits ausgeschlossen. Im Kino oder auch Theater lässt sich dies sehr gut beobachten: Menschen sind dort zumeist darauf bedacht, zwischen Ihnen und der fremden Person einen Sitz freizulassen, um den entsprechenden Abstand wahren zu können
- Die öffentliche Zone (ca. 3,30 m und mehr)
  Größere Abstände werden als öffentlicher Raum bezeichnet. Alles, was sich auf dieser Distanz abspielt, ist für die räumliche Kommunikation wenig bedeutsam.

 Es besteht ein direkter Zusammenhang zwischen der Missachtung der räumlichen Zone eines Menschen und seinem Gefühl, ihm zu nahe zu kommen. Das heißt, wenn Menschen unsere gewünschte räumliche Zone nicht einhalten, werden wir das Gefühl entwickeln, dass man uns zu nahe kommt. In der Regel werden wir ein Schritt zurückweichen, um wieder eine Distanz herzustellen, bei der wir uns wohl fühlen.

Übungen
Führen Sie diese Übungen zu zweit durch:
- Gehen Sie in einen etwas größeren Raum. Rücken Sie einem anderen Menschen dann systematisch ein paar Zentimeter näher auf den Leib, als sie das normalerweise tun würden. Vermutlich wird er sich wieder um eine für ihn angenehme Distanz bemühen und zurückweichen. So können sie den „armen" Menschen durch den gesamten Raum dirigieren.
- Versuchen Sie, in einer Kneipe an einem vollbesetzten Tisch Ihr Glas oder Ihre Zigarettenschachtel oder anderes nach und nach in das Territorium ihres fremden Nach-

barn zu schieben. Sie werden wahrscheinlich beobachten, dass er unauffällig den Gegenstand wieder „über die Grenze" schieben wird.

Tauschen Sie sich nach den Übungen über die Erlebnisse aus.

Je mehr jemand über die Abwehrsignale der Distanz weiß, desto eher wird er die Signale erkennen, wenn er jemandem „seelisch zu nahe tritt", auch wenn er sich in größerer räumlicher Entfernung befindet.

In der Altenpflege zeigt sich ein besonderes Problem der sozialen Distanz, das überall entsteht, wo Menschen auf sehr engem Raum miteinander leben oder für einen gewissen Zeitraum interagieren müssen.

Beispiel: Erinnerung an eine Fahrstuhlfahrt

„Ich stieg zusammen mit zwei Personen in einen relativ kleinen Fahrstuhl. Ich schaute nach unten wie die beiden anderen auch. Der Fahrstuhl blieb stehen – ich schaute kurz auf, ob ich aussteigen muss – Blicke haben sich gekreuzt – doch noch nicht da, also habe ich schnell wieder weggeschaut. Es stiegen noch zwei Personen ein, jetzt wurde es aber wirklich eng. Jeder vermied den Blickkontakt, alle standen völlig steif und bewegungslos, keiner redete. Es ruckelte, die Tür ging auf, fünfter Stock, endlich raus aus dem engen Ding."

Die Notwendigkeit, zu pflegen und sich pflegen zu lassen, erzwingt eine räumliche Nähe, die in keiner Weise dem Distanzbedürfnis der Beteiligten entspricht. In der Regel löst sie auf beiden Seiten Angst und Abwehr aus und beide Seiten werden versuchen, diesen notgedrungenen Eintritt in die intime und persönliche Zone durch das Schaffen einer inneren Distanz zu regulieren.

Destruktive Regulierungsmöglichkeiten	Konstruktive Regulierungsmöglichkeiten
Kurz angebunden reagieren	Immer höflich reagieren
Sich ruppig verhalten	Sich respektvoll verhalten
Fluchtreaktionen, z.B. „Keine Zeit" als Entschuldigung vorschieben	Ehrlich die Notwendigkeit einer „Auszeit" ansprechen
Den alten Menschen objektivieren, z.B. ihn als den „Pflegefall" betrachten	Den alten Menschen als Person in die Pflege mit einbeziehen

Ein destruktives Regulierungsverhalten verstärkt das Unwohlsein des alten Menschen und steht einer hilfreichen Beziehungsgestaltung im Wege. Je konstruktiver die AltenpflegerIn mit dem Distanzproblem umgeht, desto wohler fühlt sich der alte Mensch und der Pflegende selbst.

■ Verbalisierung der Wahrnehmung

In der Psychosozialen Beratung ist es wichtig, auf die nonverbalen Signale zu achten (☞ Orientierungsphase 1.4.1). Genauso wichtig kann es sein, diese Signale im Gespräch anzusprechen. Denn aus dem Zusammenhang mit dem Inhalt des Gespräches ergeben sich vielleicht Bedeutungen für den alten Menschen. Dabei äußert die BeraterIn lediglich ihre Wahrnehmung und es geht weder um „richtig" noch um „falsch" (☞ 1.3).

Fallbeispiel
Während Frau Gehlhard Altenpflegerin Jutta erzählt, wie Schwester Gitta am Morgen geschimpft hat, dass sie sich nicht alleine angezogen hat, wandert ihr Blick unruhig durch das Zimmer. Oft schaut sie

2

über die Schulter von Jutta hinweg zur Tür. Jutta greift dieses Signal auf: „Sie schauten eben sehr unruhig. Fühlen Sie sich nervös, während Sie mir davon erzählen?"

Die nonverbalen Signale von Frau Gehlhard bringen Jutta darauf, dass sie Angst haben könnte, jemand bzw. die Kollegin Gitta könnte zur Tür reinkommen. Durch die Verbalisierung ihrer Wahrnehmung versucht sie, sich an die Gefühlslage von Frau Gehlhard heranzutasten. Dadurch kann zum einen die BeraterIn das Gesagte besser verstehen und einschätzen (nonverbalen Signale ☞ 2.1.1), zum anderen können sich so mögliche Bedeutungen für den alten Menschen ergeben. So wird für Frau Gehlhard vielleicht zum ersten Mal deutlich, dass sie sich durch Schwester Gitta bedroht fühlt.

Übungen

- Nehmen Sie sich Fotos vor und versuchen Sie, exakt zu beschreiben, welche körpersprachlichen Signale abgebildet worden sind
- Wenn Sie das nächste Mal entspannt vor dem Fernseher sitzen, versuchen Sie, die Aufmerksamkeit auf die nonverbalen Signale zu lenken und diese zu beschreiben
- Wenn Sie das nächste Mal mit Freunden im Cafe oder in der Kneipe sitzen, versuchen Sie, Ihre Aufmerksamkeit auf die körpersprachlichen Signale zu konzentrieren und diese in Worte zu kleiden.

■ Inkongruente Nachrichten wahrnehmen und ansprechen

Nonverbale Signale können mit den verbalen Inhalten zusammenpassen, sie können aber ebenso im Widerspruch stehen. Widersprüche an sich sind weder außergewöhnlich noch bedrückend, denn sie gehören zum Leben dazu, ob man sie nun bewusst oder unbewusst erlebt. So begegnet man im Alltag immer wieder Menschen, die sagen, wie locker und gelassen sie alles nehmen, dabei aber ständig mit den Füßen wippen und nervös im Stuhl hin- und herrutschen. Eine Nichtübereinstimmung (Inkongruenz) der verbalen und nonverbalen Botschaft kann einer BeraterIn aber auch genauere Auskunft über die Gefühlslage der KlientIn geben.

2

Übungen
Stellen Sie sich vor einen Spiegel und üben Sie, verbal und nonverbal widersprüchliche Informationen zu kommunizieren. Sagen Sie z. B. etwas sehr Freundliches, „Deine neue Frisur steht dir sehr gut!", und senden Sie gleichzeitig sehr unfreundliche nonverbale Botschaften. Machen Sie dabei z. B. einen Gesichtsausdruck als würden Sie sich ekeln oder halten die Hand erschrocken vor den Mund.
Wenn Sie sich sicher sind, dass Ihr Gegenüber ein „dickes Fell" hat, können Sie diese widersprüchliche Art der Kommunikation auch in ihrem privaten Umfeld einmal erproben und beobachten, wie Ihre Partner reagieren. Worauf achtet Ihre Gegenüber mehr – auf die sprachliche Mitteilung oder auf ihre nonverbale Mitteilung?
Vergessen Sie nicht, Ihr „Opfer" hinterher über den Zweck ihres unüblichen Verhaltens aufzuklären.

Im Beratungsgespräch geht es aber nicht darum, den alten Menschen sofort mit dem wahrgenommenen Widerspruch zu konfrontieren. Die Aufgabe der BeraterIn besteht darin, auf die Verbindung zwischen den verbalen und nonverbalen Botschaften zu achten und diese zu einem gegebenen Zeitpunkt anzusprechen. Dabei entspricht es der Grundhaltung einer BeraterIn, dass sie ihre Wahrnehmung als solche kennzeichnet, so dass das Gegenüber sie nicht als Bewertung empfindet.

Fallbeispiel
Altenpflegerin Susanne: „Während Sie vorhin vom Tod Ihres Mannes gesprochen haben, haben Sie mich angelächelt. Mir kam es im Gespräch eher so vor, als seien Sie sehr traurig darüber, dass ihr Mann nicht mehr lebt."

Frau König: „Ja, habe ich das? Das ist mir gar nicht aufgefallen. Jetzt gerade habe ich wohl wieder gelächelt."
Altenpflegerin Susanne: „Ja, haben Sie. Sie zeigen ungern Ihre Gefühle?"
Frau König: „Ja, ich denke, ich muss alleine mit der Situation zurecht kommen. Da kann ich keinen belasten, und helfen kann mir wohl doch keiner."

Die BeraterIn kann vor allem „typische", mehrfach beobachtete Verhaltensweisen, die im Widerspruch zum Gesagten stehen, in Bezug auf das Problem ansprechen. Eine solche Thematisierung bringt den alten Menschen dazu, sich mit dem Widerspruch auseinanderzusetzen und in den Mittelpunkt seiner Problembetrachtung zu rücken. Möglicherweise lassen sich so Anhaltspunkte für eine Problemlösung finden.

Im Fallbeispiel hat Susanne eine Inkongruenz zwischen der Mimik und dem gesprochenen Wort wahrgenommen und diese nach einer Zeit der Beobachtung angesprochen. Durch das Ansprechen ist Frau König dieser Widerspruch bewusst geworden und das Gespräch hat sich auf die Gefühlsebene verlagert, auf der das Problem mehr Klarheit gewinnen kann.

 Trotz aller Wichtigkeit, nonverbale Signale wahrzunehmen, muss sich die BeraterIn vor allem vor allzu schnellen Deutungen in Acht nehmen. Aufgrund der Mehrdeutigkeit der nonverbalen Signale ist ein Spiegeln immer erforderlich, um die eigene Deutung zu kontrollieren.

Mit ein bisschen Übung wird es einem gelingen, auf die Körpersprache zu achten und sie selbstverständlich, wenn nötig, in das Gespräch einzubeziehen, ohne dabei den alten Menschen und sich selbst ständig bewusst zu beobachten.

2.2.6 Reframing

Jeder Mensch sieht die Welt mit seinen eigenen Augen. Dingen, Gefühlen, Problemen werden bestimmte, sehr subjektive Deutungen beigemessen. Im Reframing besteht die Möglichkeit, einen anderen Blickwinkel in die Problembearbeitung einzuführen. Diese Umdeutung (Reframing) verändert die Beziehung zwischen einer Situation und ihrer Bedeutung. Eine negativ bewerte Situation kann so plötzlich positiv gesehen werden.

2

Fallbeispiel

Herr Pauli: „Ich komme mit Schwester Marion überhaupt nicht zurecht. Immer sagt sie, ich könnte das alles noch alleine machen. Dabei brauche ich doch wirklich ihre Hilfe."

Pfleger Klaus: „Ich denke, Sie sind sehr selbstständig und entscheiden bewusst, welche Hilfestellungen Sie brauchen."

Herr Pauli: „Darüber bin ich auch sehr froh. Wenn ich die anderen so sehe, dann wird mir richtig Angst und Bange, auch mal so zu werden."

Altenpfleger Klaus hat die negative Bewertung der Situation „Schwester Marion hilft mir nicht!" positiv umgedeutet in „Sie sind sehr selbstständig!". Damit hat er in dem Bedeutungszusammenhang eine andere Anschlussbildung geschaffen, die Raum lässt, die Beziehung zwischen dem Betroffenen und der AltenpflegerIn anders auszudeuten.

Wenn man diesen Dialog weiterspinnen würde, so könnte sich für Pfleger Klaus die Gelegenheit bieten, das Problem auf eine andere Ebene zu heben und mit dem Betroffenen gemeinsam zu bearbeiten. Dabei könnte sich herausstellen, dass Schwester Marion Herrn Pauli sehr wichtig ist und er gerne mehr Zeit mit ihr verbringen möchte. Die einzige Möglichkeit sieht er jedoch nur darin, Pflegeleistungen zu verlangen, was wiederum die Situation eher negativ beeinflusst. Wenn dieser Sachverhalt bewusst gemacht wird, könnten andere Möglichkeiten entwickelt werden, mit Schwester Marion in Kontakt zu treten. In der Pflege erlebt man häufig Benennungen von Problemen der BewohnerInnen in einer Art, die das Problem nicht auflösen, sondern zu einem Stigma der Betroffenen führen. Durch ein positives Reframing können so die Probleme aus einer anderen Perspektive gesehen werden.

Tipps für die Praxis
Probleme positiv umdeuten, z. B.:

Typische Problembenennungen	Positive Umdeutungen
Schüchtern	Zurückhaltend
Laut	Aus sich herausgehend
Streitlustig	Herausfordernd
Wütend	Kann seine Gefühle zeigen
Reizbar	Empfindsam
Pflegebedürftig	Reich an Erfahrung
Aggressiv	Aktiv seine Gefühle zeigen

Durch Umdeutung der Problemlage kann auch die Beziehung zu der BewohnerIn neu gestaltet werden. Wenn z. B. ein Pflegebedürftiger unkooperativ bei der Grundpflege wirkt, kann der Pflegende einmal versuchen, das ganze positiv zu sehen, z. B. dass der Betroffene ehrlich und aktiv zeigt, was er nicht mag. Ansonsten schaukeln sich die negativen Gefühle auf beiden Seiten von mal zu mal vielleicht weiter auf und beide haben darunter zu leiden.

Übungen
- Überlegen Sie, welche Problemlagen von BewohnerInnen Sie in Ihrer eigenen Deutung eher als negativ einschätzen würden. Versuchen Sie, diese entsprechend umzudeuten.
- Denken Sie bei der nächsten Übergabe oder Fallbesprechung an die Methode des Refraiming und versuchen Sie, Aussagen der KollegInnen über BewohnerInnen umzudeuten.

2

- Wie könnte für die folgenden Aussagen das Reframing aussehen:
  - „Ich bin alt und schwach!"
  - „Die Schwestern haben nie Zeit für mich."
  Überlegen Sie sich weitere Aussagen und deuten diese um.

2.2.7 Die Kunst des Fragens

Das richtige Fragen ist in der Psychosozialen Beratung genauso entscheidend wie das richtige Zuhören. Diese beiden grundlegenden „Künste" ergänzen sich im Gespräch gegenseitig, denn ohne Fragen ist kein aktives Zuhören möglich und ohne Zuhören werden die Fragen nicht wirklich hilfreich sein. Während des gesamten Gespräches sind es vor allem die (Nach-)Fragen der BeraterIn, die dazu führen, dass Informationen gewonnen werden (☞ 2.2.2 und 1.4.2). Entsprechend der ersten Grundannahme Watzlawicks „Man kann nicht nicht kommunizieren" ist es allerdings unmöglich, Fragen zu stellen, ohne gleichzeitig beim alten Menschen eigene Ideen anzustoßen. Dies ist Chance und Gefahr zugleich und verdeutlicht, dass es darauf ankommt, wie gefragt wird, um Veränderungsprozesse anzuregen und Lösungen zu entwickeln.

■ Ansatzpunkte für eine hilfreiche Fragetechnik

Hilfreiche Fragen müssen vor allem:
- Die professionellen Grundhaltungen (☞ 1.3) erkennen lassen
- Klar und unmissverständlich formuliert sein und somit nicht überfordern
- Die Bereitschaft zur Antwort und somit zur Kommunikation fördern
- Das Problemverständnis und somit das aktive Zuhören ermöglichen
- Den Veränderungsprozess und somit die Lösungsfindung anregen.

Offene und geschlossene Fragen

Offenheit bzw. Geschlossenheit bezeichnet den Spielraum, der in der Beantwortung der Frage gelassen wird. Hierbei kann grundsätzlich ein Unterschied festgestellt werden:

- Offene Fragen zielen darauf ab, zu erinnern
- Geschlossene Fragen verlangen, etwas wieder zu erkennen.

Insgesamt schaffen offene Fragen eher einen offenen und interessierten Gesprächskontakt und sind daher vor allem am Anfang für das Beratungsgespräch sinnvoll einzusetzen. Für die Klärung des Problems bewähren sich eher bestimmte Formen der geschlossenen Frage.

Offene Fragen

Diese Art zu fragen ermöglicht dem alten Menschen, mit eigenen Worten frei zu schildern, was ihn belastet und bewegt. Der Spielraum für die Selbstdarstellung ist deutlich erweitert. So wirken diese Fragen oftmals ermutigend und anregend, sich zu öffnen und über Probleme zu sprechen. Außerdem fördert das freie Sprechen die Auseinandersetzung mit der Problemsituation und ermöglicht eine bessere Bewältigung (☞ 1.4.2 und 2.1.1).

Geschlossene Fragen

Geschlossene Fragen unterscheiden sich in ihren vorgegeben Antwortkategorien:

- **W-Fragen** verlangen die Nennung einer Person, Gruppe, Ort, Zeit, u. a., indem gefragt wird: „Wer? Wann? Wo? Wie?" W-Fragen sind halb geschlossene Fragen und eignen sich daher auch zur Einleitung eines Themas, aber insbesondere zur Vertiefung bestimmter Problempunkte. Sie helfen, bestimmte und spezifische Informationen zu erhalten und erlauben es trotzdem, in relativ freier Schilderung zu antworten. Gleichzeitig steuern sie dem Abschweifen vom Thema entgegen und bringen mehr Klarheit in die geschilderte Problemsituation (☞ 1.4.2)
- **Selektionsfragen** sind Fragen mit vorgegeben Alternativen und bringen den Betroffenen dazu, Unterscheidungen zu treffen. So genannte Katalogfragen bieten eine Anzahl von alternativen Be-

schreibungen zur Auswahl an, z. B. „Sind Sie in solchen Situation unsicher, nervös oder ängstlich?"

- **Ja-Nein-Fragen:** „Ärgern Sie sich häufig über Ihre Tochter?" Solche geschlossenen Fragen eignen sich überhaupt nicht, um eine Gesprächssituation zu vertiefen, weil sie sich nur mit „Ja" oder „Nein" beantworten lassen. Vor allem bei alten Menschen ist diese Fragetechnik nicht unbedingt zu empfehlen, da sie sich durch solche Fragen schnell unter Entscheidungsdruck gesetzt fühlen können und dann das Gespräch abblocken.

2

Übung
„Was bin ich?"

Wie schwierig es ist, gezielt Fragen zu stellen, wird Ihnen bewusst, wenn Sie an die Fernsehsendung „Was bin ich?" denken. Probieren Sie das Spiel mit einer Gruppe von Freunden aus:

- Jeder denkt sich eine Rolle (berühmte Person, Beruf etc.) aus und schreibt sie auf einen Zettel
- Der Zettel wird dem Nachbarn umgehängt, ohne dass dieser sieht, was darauf geschrieben steht
- Alle versuchen (im Uhrzeigersinn) durch Fragen, die nur mit „Ja" oder „Nein" beantwortet werden, herauszufinden, wer bzw. was der andere ist
- Wenn eine Frage mit Nein beantwortet wird, ist der Nächste an der Reihe.

■ Verbotene Fragen für eine BeraterIn

Suggestivfragen	Hinter Suggestivfragen sind häufig Vorurteile oder Wunschdenken der Fragenden verborgen. Die Frage: „Es geht Ihnen heute doch bestimmt schon besser?" vermittelt die Erwartungshaltung der AltenpflegerIn: Es muss ihm heute besser gehen, schließlich haben wir alles dafür getan. Dadurch ist der alte Mensch unter Druck gesetzt und wird wahrscheinlich entsprechend der Erwartung antworten: „Ja, ein bisschen vielleicht." Mit Suggestivfragen ist auch häufig die Abneigung verbunden, sich auf unangenehme Gesprächsthemen einzulassen. So bleibt das Gespräch oberflächlich. Solche Fragen sind im Alltag häufig zu beobachten und sie haben in alltäglichen Gesprächen auch ihre Berechtigung. In einem Beratungsgespräch tragen sie weder zur Problemklärung noch zur Lösung bei.
Warum-Fragen	In der Beratung möchte der Betroffene weder ausgefragt noch mit den Fragen in die Enge getrieben werden. So ist die Frage: „Warum haben Sie Angst?" völlig überflüssig, da sie wahrscheinlich weder beantwortet werden kann noch zur Klärung des Problems beiträgt. Wenn ein Mensch den Grund für sein Problem kennen würde und benennen könnte, dann bräuchte er wahrscheinlich keine Hilfestellung. Der augenscheinliche Grund der Angst ist nicht zwangsläufig etwas, das zum Problemverständnis beiträt, da die Gründe der Angst meist tiefer liegen. (☞ 1.1.3)?
Doppelfragen	„Wann hatten Sie das letzte Mal Angst und wie haben Sie sich dabei gefühlt?" Hier stellt die BeraterIn zwei Fragen auf einmal, so dass der Betroffene mit der Beantwortung überfordert sein kann.

2

Überfallfragen	Diese Fragen signalisieren Ungeduld, Unhöflichkeit und lösen Abwehr und Widerstand aus. Gleich mit der Tür ins Haus zu fallen, z. B. mit der Frage „Vergessen Sie manchmal, Ihre Medikamente zu nehmen?", kann sich folglich im Hinblick auf den Beziehungsaspekt zwischen BeraterIn und Betroffenem negativ auswirken(☞ 1.4.1).
Wertende Frage	Die Frage: „Warum sind sie so unvernünftig und trinken nicht?" ist abwertend und in einem Beratungsgespräch nicht angebracht. Sie wird den Betroffenen in die Defensive bringen. Nicht nur, dass hier die Frage nach dem Warum gestellt wurde, sondern mit der Frage wird auch eine Wertung signalisiert: „Sie sind unvernünftig."
Aggressive Fragen	Fragen, die mit dem Ziel gestellt werden, den alten Menschen mit Druck zu einer bestimmten Handlung oder Verhaltensweise zu bewegen, erzeugen meist das Gegenteil. So wäre es in der Beratung nicht angebracht, Fragen in folgender Art zu formulieren: • „Wollen oder können Sie nicht verstehen, dass die Krankengymnastik Ihnen hilft." • „Sie wissen, was passiert, wenn Sie nicht essen und trinken?"

2.2.8 Zirkuläres Fragen

Eine besondere Fragetechnik ist das zirkuläre Fragen. Sie folgt den Kernannahmen des systemischen Beratungsverständnisses, Probleme zirkulär und kontextbezogen zu betrachten.

Das zirkuläre Fragen folgt dem Prinzip der Kreisförmigkeit (☞ 1.1.3). Durch diese Fragen werden Verhaltensweisen, Gefühle und Symptome in ihrer Funktion in den wechselseitigen Beziehungsdefinitionen gesehen. Bestimmte Verhaltensweisen, Symptome, aber auch Gefühlsausdrücke sind nicht nur Ereignisse, die im Menschen ablaufen, sondern sie haben auch immer eine kommunikative Bedeutung.

Es kann daher hilfreicher sein, diese Bedeutungen sichtbar zu machen, als den alten Menschen ausführlich nach seinen Gefühlen zu befragen. Viele Menschen drehen sich sonst spiegelnd im Kreis und kommen über die Gefühlsbeschreibung nicht hinaus. Mit Hilfe dieser Fragen werden Symptome und Probleme nicht länger auf bestimmte Eigenschaften oder Ursachen zurückgeführt, sondern in ihrem jeweiligen Beziehungsgefüge gesehen. Bei der Beantwortung zirkulärer Fragen wird der alte Mensch „gezwungen", die Zirkularität, in der er sich befindet, zu erleben und somit lineare Perspektiven aufzugeben.

- Zirkuläre Fragen erzeugen neue Informationen und Denkprozesse, indem sie die Beziehungsmuster, Unterschiede, Möglichkeiten deutlich machen, ohne sich dabei in eine inhaltliche Auseinandersetzung zu verwickeln
- Durch das zirkuläre Fragen kann das Problem aus einem neuen Blickwinkel betrachtet werden, indem der Betroffene eingeladen wird, eine Außenperspektive einzunehmen.

■ Beziehungsfragen

Fallbeispiel „Herr Meier" Teil 1
Herr Meier ist seit Tagen in einer sehr gedrückten Stimmung. Als die Altenpflegerin Karin ihn darauf anspricht, erzählt er, dass seine Tochter seine zweijährige Enkelin nicht mehr mitbringen möchte. Im Gespräch stellt Karin die Frage: „Was denken Sie, wie Ihre Tochter sich dabei fühlt?"

Üblicherweise würde eine BeraterIn wohl fragen: „Wie fühlen Sie sich dabei?", oder man würde spiegeln: „Es macht Sie traurig, dass Sie Ihre Enkelin nicht mehr sehen?" Dies kann auch durchaus angebracht sein und ist keineswegs verkehrt. Die Botschaft von Herrn Meier, nämlich seine Traurigkeit, war jedoch eigentlich an seine Tochter gerichtet. Daher kann es hilfreicher sein, nach **ihren Gefühlen** zu fragen als nach den Gefühlen von Herrn Meier selbst. Damit hat Karin die Aufmerksamkeit von Herrn Meier auf die Beziehung zu seiner Tochter gelenkt und für ihn eine neue Perspektive geschaffen.

- Wenn man bedenkt, dass Verhaltensweisen, Symptome und Gefühle immer auch eine Botschaft an einen anderen Menschen sind und sich insofern auch als Problem zeigen können (☞ 1.1.3), kann es hilfreicher sein, nach demjenigen zu fragen, an den die Botschaft gerichtet ist, und nicht nach dem, der sie sendet
- Mit Beziehungsfragen wird der alte Mensch aufgefordert, sich neben sich zu stellen und sich anzuschauen, wie die relevanten Beziehungen miteinander verknüpft sind.

■ *Unterschiedsfragen*

Diesen Fragen liegen Kategorien wie „mehr/weniger" oder „besser/schlechter" oder „von/bis" zugrunde. Sie verdeutlichen insbesondere die unterschiedlichen Sichtweisen und die unterschiedlichen Beziehungen.

Fallbeispiel „Herr Meier" Teil 2
Herr Meier erzählt Anja im Laufe des Gespräches, dass seiner Tochter die Entscheidung nicht leicht gefallen sei und sie wohl auch darunter leiden würde. Anja fragt daraufhin: „Wer von Ihnen (Herr Meier, Tochter, Schwiegersohn, Enkelin) leidet am meisten unter der Situation?" „Ich leide am meisten ...", antwortet Herr Meier. „Und wer am wenigstens?" setzt Anja nach. „Das wird wohl mein Schwiegersohn sein."

Anja kann jetzt noch den Unterschied in der Sichtweise der Tochter und der Enkelin einführen. So kann auch klar werden, welche

Beteiligten am ehesten an der Lösung des Problems interessiert sind und welche Beziehungsstrukturen einer Lösung eher hinderlich sind.

■ Hypothetische Fragen

Wenn sich die BeraterIn und der ältere Mensch Fragen stellen wie „Was wäre wenn?" oder „Wie würden Sie reagieren wenn?", bleiben sie gleichzeitig empathisch gegenüber neuen Möglichkeiten. Solche Fragen ermöglichen es, spielerisch neue Lösungsideen einzuführen, ohne sich auf einen bestimmten Weg festzulegen. Hier geht es nicht darum, dass die Frage oder Antwort realistisch oder realisierbar ist. Dennoch geben die Fragen Anstoß zum Veränderungsprozess (☞ 1.4.3).

Fallbeispiel „Herr Meier" Teil 3
Herr Meier schildert, dass sein Schwiegersohn seiner Tochter diesen „Floh ins Ohr gesetzt hat". Die Tochter habe ihm erzählt, dass er es nicht gut findet, wenn sie „die Kleine" mit in das Pflegeheim nimmt. Er habe Angst, sie würde das alles nicht verkraften und vielleicht auch krank werden. Anja wartet, bis Herr Meier fertig ist mit seiner Schilderung. Dann fragt sie: „Nehmen wir mal an, ihrem Schwiegersohn wäre es egal, ob ihre Tochter die ‚Kleine' mitnehmen würde oder nicht. Was würde ihre Tochter dann machen?" „Sie würde wohl zusammen mit meiner Enkelin kommen", antwortet Herr Meier nach einigem Zögern!

Durch Anjas Frage kann Herr Meier neue Möglichkeiten durchspielen, die er vorher vielleicht gar nicht in Betracht gezogen hat – er erlebt durch seine Antwort, dass es erstens durchaus möglich wäre, dass er seine Enkelin wieder sieht und er kann erkennen, dass der Einfluss unter dem seine Tochter steht, stärker ist, als er es sich wünscht.

Auch wenn das Problem durch diese Frage nicht gelöst werden kann, so verändert sich doch die Sichtweise und somit auch die Gefühlslage: Dies verhindert, dass das Problem als unlösbar empfunden wird und der alte Mensch in einer resignierenden und tatenlosen Haltung erstarrt.

Viele alte Menschen glauben, sie könnten an ihrer Situation nichts mehr verändern. Mit hypothetischen Fragen kann die BeraterIn diese Einstellung aufbrechen und den alten Menschen „aktivieren"!

2

Es gibt viele verschiedene Arten von hypothetischen Fragen, die je nach Situation vereinzelt eingesetzt werden können. Sie alle regen dazu an, eine mögliche andere Sichtweise auf das Problem einzunehmen, um neue Möglichkeiten des Handelns und Reagierens zu entwickeln. Einige dieser Fragen sind im Folgenden ausführlicher beschrieben.

Zukunftsfragen
In Bezug auf das Fallbeispiel mit Herrn Meier könnte eine solche Frage lauten: „Was wünschen Sie sich von Ihrer Tochter?"
Da unsere Zukunftserwartungen unser gegenwärtiges Handeln beeinflussen, wird die neue Zukunftsperspektive in die Gegenwart geholt und somit für das Problem eine neue Perspektive entwickelt.
- Was stellen Sie sich vor, wird passieren?
- Was könnten Sie neu ausprobieren?

Der alte Mensch kann so ebenfalls für sich realistische Ziele definieren, an deren Erreichbarkeit er aktiv beteiligt ist (☞ 1.4.3).

Fragen nach Ressourcen
Anja könnte Herrn Meier z. B. fragen: „Wann sind sie zufrieden, ohne an ihre Familie zu denken?" So verleitet Sie Herrn Meier dazu, sich nicht nur auf „sein Problem" zu konzentrieren. Er kann seine guten und sicheren Gefühle erkennen und diese in der Problemsituation nutzbar machen. Dadurch sehen sich die Betroffenen nicht nur hilflos ausgeliefert, sondern erkennen auch ihre eigenen Möglichkeiten.

Um die Aufmerksamkeit der Betroffenen nicht noch weiter auf ihr Problem, sondern weg vom Problem zu lenken, bewährt es sich, sich nach Lebensbereichen zu erkundigen, mit denen der alte Mensch zufrieden ist und in denen er sich kompetent und sicher fühlt, z. B.:

- Was möchten Sie gerne so bewahren, wie es ist?
- Was gefällt Ihnen an sich selbst am besten?
- Mit welchen Situationen kommen Sie am besten zurecht?

Diese Fragen eignen sich besonders bei den alten Menschen, die alles als schrecklich erleben und nicht mehr glauben, dass man ihnen helfen kann.

Wunderfrage

Und manchmal hilft dem Betroffenen eben nur noch ein Wunder, um überhaupt noch eine Chance auf Besserung zu sehen. Sich nach einem solchen Wunder zu erkundigen und die Folgen dieses Wunders phantasieren zu lassen, kann durchaus hilfreich sein. Der alte Mensch kann dadurch erkennen, dass das, was phantasiert wird, eigentlich schon jetzt in seinem Verhaltensrepertoire liegt:

- Wenn ein Wunder passiert und das Problem auf einmal weg wäre, woran würde man es merken?
- Was würden Sie nach dem Wunder als Erstes machen? Und was als Zweites?
- Was würden die Menschen um Sie herum anders machen?

Diese Fragen lassen leider kein Wunder geschehen und manchmal wird sich auch danach nichts verändern. Dennoch sind sie jeweils vereinzelt und bewusst eingesetzt für die BeraterIn ein gutes Mittel, den alten Menschen seine unterschiedlichen Möglichkeiten selbst bewusst werden zu lassen. Außerdem kann das Durchspielen eines solchen Wunders sich positiv auf die momentane Befindlichkeit des alten Menschen auswirken.

Hypothetische Fragen wirken zuerst oftmals verstörend. Aber genau dadurch schaffen sie es, die alten Denkmuster zu verlassen und „die Welt um das Problem" einmal anders zu denken, ohne festgelegt zu sein.

Dennoch sollte mit diesen Fragen vorsichtig umgegangen werden, denn sie können verstärkt das Gefühl hervorrufen, dass das Problem doch ohne weiteres gelöst werden kann.

2.3 Typische Gesprächsstörer

Auch die routinierteste BeraterIn ist nicht davor geschützt, das Gespräch durch ihr eigenes Kommunikationsverhalten zu stören. Anhand der Aussage von Frau König *„Immer, wenn ich in dieser Singgruppe bin, denke ich mir, es ist schlimm, so alt zu werden"*, werden im folgenden verschiedene Antworten der BeraterIn gezeigt, die typische Gesprächsstörer praktisch verdeutlichen:

Bewerten
„Das finde ich auch schlimm, dass Ihnen das so geht. Aber jedes Mal fühlen Sie sich bestimmt nicht so."
Die Gesprächsinhalte oder aber das Verhalten des alten Menschen zu bewerten, widerspricht der Grundhaltung von Psychosozialer Beratung und wird den Verlauf der Beratung negativ beeinflussen. Hierbei gerät der alte Mensch unter Rechtfertigungsdruck und sieht sich einer kritisierenden und überlegenen BeraterIn gegenüber.

Diskussionen
„Die anderen sind alle sehr krank. Da reagieren Sie sehr empfindlich."
In der Beratung helfen Diskussionen wenig. Mit dem alten Menschen im Gespräch über die Ursache des Problems zu diskutieren oder ihm gar zu verstehen geben, man habe ihn durchschaut, wird dazu führen, dass er sich noch hilfloser fühlt. Daher sind die Angebote, Meinungen und Stellungnahmen der BeraterIn keine Diskussionsbeiträge, sondern immer nur Möglichkeiten, die angenommen, aber auch abgelehnt werden können. Eine BeraterIn soll schließlich keine Überzeugungsarbeit leisten.

Ratschläge geben
„Wenn Sie das so belastet, wäre es wohl besser, wenn Sie bei einer anderen Gruppe mitmachen."
Voreilige Ratschläge erweisen sich bestenfalls als kurzfristige Lösungen. Es kann dann immer wieder vorkommen, dass der alte Mensch zu dem Schluss kommt, dass der angebotene Ratschlag für ihn nicht passt. So gerät die BeraterIn immer wieder in Zugzwang, neue Ratschläge anzubieten.

Von sich reden

„Das glaube ich Ihnen gern. Als ich damals hier angefangen habe, habe ich auch immer gedacht, dass das Altwerden so viele unschöne Seiten hat."

Wenn die BeraterIn lediglich darauf wartet, mit ihren eigenen Meinungen und Stellungnahmen zu Wort zu kommen, wird bei dem alten Menschen der Eindruck entstehen, selbst unwichtig zu sein. Außerdem ist ein solches Vorgehen nicht ein Zeichen von Kompetenz, sondern weist darauf hin, dass die BeraterIn nicht gelernt hat, zuzuhören.

Herunterspielen

„Das ist doch ganz normal. Sie werden sehen, dass Sie sich daran gewöhnen, jeder hat hier eben seine Einschränkungen." „Das geht vielen so, das ist ganz normal." „Nun beruhigen sie sich doch, es ist doch alles gar nicht so schlimm." „Sie werden sehen, das vergeht." „Anderen geht es auch nicht besser."

Bei solchen oder ähnlichen Äußerungen verspürt der alte Mensch das Gefühl, nicht verstanden und ernst genommen zu werden. Eigentlich verbirgt sich dahinter beim Berater jedoch nur der Versuch, zu trösten und emotional zu entlasten. Allerdings wird in solchen Fällen das Gespräch frühzeitig beendet, weil es dem alten Menschen schwer fällt, weiter zu reden, da bei ihm der Eindruck entsteht, dass das Problem nicht von Bedeutung ist und daher nur kurz Thema sein darf.

 Wenn die BeraterIn die typischen Gesprächsstörer und ihre Bedeutung für den Beratungsprozess kennt, besteht eher die Chance, dass sie diese im eigenen Verhalten wahrnimmt, reflektiert und in der Folge vermeiden wird.

Problemkreise alter pflegebedürftiger Menschen

Praxisbeispiele

Ein Mensch entwickelt sich über seine gesamte Lebensspanne hinweg. Vom Säuglingsalter über Kindheit, Jugend und Erwachsenenalter – in jeder Phase seines Lebens sieht er sich anderen Anforderungen gegenüber gestellt, die er bewältigen muss. Diese Entwicklungsanforderungen unterscheiden sich in den einzelnen Altersperioden in ihrer spezifischen Thematik und Qualität.

3

 Entwicklungsanforderungen sind Aufgaben, die sich dem Menschen in einer bestimmten Lebensphase stellen. Ihre erfolgreiche Bewältigung führt zu Glück und Erfolg. Ihre Nichtbewältigung hingegen macht den Menschen unglücklich.

Früher wurde angenommen, die persönliche und soziale Entwicklung eines Menschen würde mit dem Eintritt in das Erwachsenenalter aufhören. Dies ist heutzutage überholt, denn mittlerweile wird selbst für das hohe Alter noch eine solche Entwicklung angenommen.

Das Sterben und damit die Auseinandersetzung mit der eigenen Endlichkeit wird daher auch als letzte „Krise des Lebens" bezeichnet. Die Überwindung dieser Krise und somit eine glückliche Vollendung der Entwicklung zeigt sich demnach in einer positiven Bilanzierung des eigenen Lebens sowie der Integration der vielen gemachten Erfahrungen.

Die Veränderungen im Alter konfrontieren den Menschen in hohem Maße mit Verlusten sowie körperlichen und psychischen Abbauerscheinungen. Verlust von Selbstständigkeit und nahe stehenden Personen sowie verminderte Leistungsfähigkeit der Sinnesorgane und Einschränkungen der Mobilität, um nur einige zu nennen, werden als existenzgefährdende Erfahrungen wahrgenommen (☞ 1.2.2).

Im Alter müssen also andere Probleme bewältigt werden als in anderen Lebensphasen. Und sie können so geballt auftreten, dass der alte Mensch ihnen hilflos und überfordert gegenübersteht. Sicherlich erlebt der alte Mensch diese Auseinandersetzungen umso krisenhafter je größer er sein Bündel an Einschränkungen und Abhängigkeiten wahrnimmt. Die Psychosoziale Beratung muss sich daher an den spezifischen Anforderungen des Alters orientieren, um die Kompetenzen der alten Menschen entsprechend zu stärken (☞ 1.1.4).

 Die Problemkreise älterer Menschen bewegen sich um die Anforderungen des hohen Alters – nämlich um die Auseinandersetzung mit der eigenen **Abhängigkeit**, der **Isolation** und der **Sterblichkeit**.

3

■ Psychische Reaktionen auf krisenhaftes Erleben im Alter

Alte Menschen, die sich überfordert und hilflos fühlen und dabei vielfältigen Einschränkungen und Abhängigkeiten ausgesetzt sind, haben besondere Schwierigkeiten in der Bewältigung problematischer Situationen. Hilflosigkeit und damit auch die Erschütterung des Selbstwertgefühls verhindern rationale Verarbeitungsmöglichkeiten des Problems. So können alte Menschen in krisenhaft erlebten Situationen unbewusst zu Bewältigungsmustern greifen, die für das soziale Umfeld problematisch sein können.

„Altersstarrsinn"

Fallbeispiel

Im Gespräch zwischen Frau Grün, die sich nach ihrem letzten Sturz noch nicht richtig erholt hat, und ihrer Tochter lenkt die Tochter das Gespräch zum wiederholten Mal auf das Thema „Fremde Hilfe".
Tochter: „Du musst das doch nun wirklich nicht mehr alles alleine machen. Lass uns doch endlich einen ambulanten Dienst beauftragen."
Mutter: „Also, was denkst du. Ich lasse niemanden ins Haus. Ich habe schon immer meinen Haushalt alleine gemacht und das werde ich jetzt nicht ändern."

„Herrje! Du bist so stur. Du siehst doch schließlich, dass du das alles nicht mehr alleine kannst."

Das sture Festhalten an alten Lebensgewohnheiten und vertrauter Umgebung, dem mit rationalen Argumenten von Seiten der Pflegenden oder Angehörigen nicht beizukommen ist, ist oftmals dann zu beobachten, wenn sich alte Menschen in ihrer Unabhängigkeit bedroht fühlen.

So können sie ihre innerpsychische Stabilität bewahren. Solche Verhaltensweisen, die gerne mit „stur" abgeurteilt werden, können auch immer **ein Schutzmechanismus gegen eine Bedrohung der Unabhängigkeit** und des **Selbstwertgefühls** sein.

Regression
Ein Erwachsener, der kindliches Verhalten zeigt, verhält sich regressiv, d. h. er fällt auf eine frühere Entwicklungsstufe zurück. Bei diesen so genannten kindlichen Verhaltensweisen werden oftmals hirnorganische Abbauprozesse angenommen. Schaut man einmal etwas genauer hin, so lässt sich feststellen, dass regressives Verhalten durchaus auch eine **Strategie zur Bewältigung des Verlustes an Selbstständigkeit** darstellen kann.

Situative Regression:
Wenn pflegebedürftige Menschen Hilfestellungen in den physischen Lebensbereichen wie Essen, Ausscheiden, sich Pflegen etc. benötigen, sind sie dadurch in einer Situation der Hilflosigkeit und Abhängigkeit. Diese Lage ist von der Situation eines kleinen Kindes kaum mehr zu unterscheiden. So besteht die Gefahr, dass diese alten Menschen ihr Verhalten an die Situation eines Kleinkindes anpassen.

Institutionelle Regression:
Wenn alte Menschen kindliches Verhalten an den Tag legen, so kann dies auch immer dadurch bedingt sein, dass man sie in der Institution „Heim" oder „Krankenhaus" wie ein kleines Kind behandelt.

Individuelle Regression:
Alte Menschen können in ihrer Krankheit bzw. Pflegebedürftigkeit auch einen individuellen Gewinn sehen. So wird die Pflege manchmal regelrecht genossen.

Egozentrisches Denken

Bei alten pflegebedürftigen Menschen ist oftmals eine Einengung des Bewusstseinshorizontes zu beobachten. In Gesprächen kreisen die Gedanken dann immer wieder um die eigene Situation. Das Interesse für die Umwelt und für andere Menschen scheint völlig zu fehlen. Alles Gesagte und alles Geschehene wird in Bezug auf die eigene Person im Sinne der Erwartungen und Befürchtungen interpretiert.

Wenn z. B. eine AltenpflegerIn mit besorgtem Blick in das Zimmer kommt, weil sie zuvor mit einer KollegIn eine schwierige Situation besprochen hat, löst dies beim alten Menschen Angst um die eigene Gesundheit aus. Der Grund dafür liegt darin, dass er das Verhalten der AltenpflegerIn auf sich selbst bezieht, obwohl es ihm überhaupt nicht gilt. Insofern ist seine Wahrnehmung durch das starke zentrieren auf die eigene Person gestört.

Eine solche egozentrische Sichtweise des alten Menschen erschwert ebenso die Beziehungsgestaltung zur Umwelt. Neid, gehässiges Verhalten, Unverständnis gegenüber Problemen der anderen etc. wirkt sich negativ auf das soziale Klima aus und kann entsprechende zwischenmenschliche Konflikte auslösen.

Hinter egozentrischem Denken und Verhalten steckt aber nicht immer eine „von Hause aus egoistische Persönlichkeit" oder ein fortschreitender geistiger Abbau. Vielmehr kann ein solches Verhalten dem alten Menschen als **Schutzschild** für die erlebte **körperliche und seelische Bedrohung** dienen, die er aufgrund von fortschreitender Krankheit und vermehrter Abhängigkeit empfindet.

Aggressives Verhalten

Verhaltensweisen wie Unzufriedenheit, Besserwisserei, Feindseligkeit (☞ 1.4.1), Misstrauen etc. richten sich zumeist auf die Pflegenden. Allerdings nicht deshalb, weil sie als Person gemeint sind, sondern weil sie am ehesten greifbar sind. Vor allem in der stationären Altenhilfe trifft ein solches „abreagieren" häufig die gerade anwesenden Pflegenden, obwohl das Verhalten nicht als Reaktion auf sie selbst zu verstehen ist. Solche aggressiv getönten Verhaltensweisen **verbergen** häufig **Angst, Hilflosigkeit, Schmerzen und Frustration** (☞ 1.4 – Fallbeispiel).

Tipps für die Praxis

▶ Das Auftreten solcher oder ähnlicher psychischer Reaktionen kann als Indiz dafür dienen, dass sich der alte Mensch in einer Krisensituation befindet

▶ Sich bei solchen Verhaltensweisen nicht als Person angegriffen fühlen

▶ Reflektieren der Verhaltensweisen mit KollegInnen. Dabei versuchen, das Verhalten auf sachlicher Ebene zu behandeln

▶ Wenn möglich, sind Angehörige für solche Erklärungen zu sensibilisieren

▶ Die eigene emotionale Betroffenheit, z. B. den Ärger und die Ängste im Umgang mit diesen Verhaltensweisen, bewusst machen.

 Trotz genereller theoretischer Aussagen ist die Welt der alten Menschen nicht einheitlich. Reaktionen und Verhaltensweisen sind deswegen weder pauschal vorhersehbar noch gibt es allgemeingültige Lösungsvorschläge. Reflektieren der Anforderungen an den alten Menschen sowie die kritische Auseinandersetzung mit den eigenen Gefühlen als BeraterIn können aber dabei helfen, Reaktionen richtig einzuschätzen und auf die jeweilige individuelle Situation des Betroffenen einzugehen.

Die nächsten Kapitel greifen in drei **Beispielen aus der Psychosozialer Beratung** theoretische Annahmen über die Auseinandersetzung der alten Menschen mit „**Abhängigkeit**", „**Isolation**" und „**Sterben**" praktisch auf. Durch die jeweiligen Fallbeispiele mit entsprechenden Gesprächssequenzen werden Anregungen gegeben, wie eine Beratung bei solchen Problemsituationen Unterstützung leisten kann. Dabei werden sowohl die theoretische Basis des Kapitels 1 als auch die Gesprächstechniken nochmals veranschaulicht, so dass wieder entdeckt werden kann, was schon in den vorherigen Kapiteln besprochen wurde.

3.1 „Auf einmal bin ich abhängig."

Fallbeispiel „Frau Heine" Teil 1

Frau Heine ist 78 Jahre alt und seit 4 Jahren Witwe. Nach ihrem Schlaganfall konnte sie vom Krankenhaus nicht mehr nach Hause entlassen werden. Daher hat man sich für sie um einen Altenpflegeheimplatz gekümmert. So kam sie vor knapp drei Wochen direkt aus dem Krankenhaus in das Heim.

Gepflegt zu werden, ist für sie keine ganz neue Situation. Wegen vielfacher Stürze wurde sie schon zu Hause seit längerer Zeit von einem ambulanten Pflegedienst versorgt. Jetzt aber ist sie in ihrer Mobilität so stark beeinträchtigt, dass sie zwar noch mit Hilfe stehen kann, ansonsten aber auf den Rollstuhl angewiesen ist. Und so braucht sie volle Unterstützung bei der Körperpflege, während sie geistig aber orientiert ist.

In den ersten Tagen schien es ihr sehr gut zu gehen und sie sagte, dass sie die Entscheidung akzeptiert habe. Aber seit der letzten Woche wirkt Frau Heine auf die AltenpflegerInnen sehr antriebsarm und müde: Sie hat keine Lust mehr aufzustehen und die Physiotherapie lehnt sie seit zwei Tagen komplett ab.

■ Das Gefühl der Abhängigkeit?

Altern heißt auch ein Verlust physischer und psychischer Fähigkeiten durch Krankheiten und Behinderungen.

Besonders solche Erkrankungen, die zur Einschränkung des Stütz- und Bewegungsapparates und der Sinnesfunktionen führen, sind typische Alterskrankheiten, welche die Pflegebedürftigkeit der alten Menschen zur Folge haben. Ebenfalls der Schlaganfall als Folge von Gefäßerkrankungen und Erkrankungen des Herz- und Kreislaufsystems führt für viele alte Menschen zu einem Verlust an Selbstständigkeit.

 Immobilität, Instabilität und Inkontinenz sind die großen „I's" des Alters, die nicht nur objektiv zur Pflegebedürftigkeit führen können, sondern vor allem das subjektive Gefühl der Abhängigkeit verstärken.

Alt zu sein bedeutet nicht, krank zu sein. Dennoch wird das Alter durch vielfältige, manchmal auch nur kleine, Einschränkungen begleitet. Deshalb fühlen sich alte Menschen selten völlig gesund und das führt dazu, dass sich viele von ihnen in besonderem Maße mit „ihrer Krankheit" beschäftigen.

Emotionale Belastung durch Krankheiten und Altersbehinderungen

- Vor allem bedeuten **Erkrankungen und Einschränkungen** eine direkte **Bedrohung des Selbstwertgefühls und der Unabhängigkeit.** Hilfe- bzw. Pflegebedürftigkeit zu erleben und auf Pflegepersonen angewiesenen zu sein, steht dem Bedürfnis nach Selbstständigkeit und Eigenverantwortung im Wege. Bei einer „Einweisung" in ein Pflegeheim findet diese Bedrohung seinen höchsten Erreichungsgrad
- **Schmerzen** müssen oftmals ausgehalten und bewältigt werden. Je geringer dabei die eigenen Möglichkeiten sind, die Schmerzen zu lindern, desto stärker wird das **Gefühl der Hilflosigkeit und Resignation**
- Wenn der Verlauf und der Schweregrad der **Krankheit unberechenbar** ist, können bei dem Betroffenen zusätzlich **starke Ängste** entstehen.

Psychosoziale Beratung ist immer sinnvoll

Für die alten Menschen ist der Heimeinzug ein emotional sehr belastendes und manchmal sogar schockierendes Ereignis. Der alte Mensch verliert nicht nur seine gewohnte und vertraute Umgebung, sondern darüber hinaus seine selbstständige Lebensführung. Dadurch gerät der alte Mensch in eine Auseinandersetzung mit Gefühlen der Abhängigkeit, der Angst und der Trennung. Dieser Anforderung kann der alte Mensch ebenfalls ausgesetzt sein, wenn er ambulant versorgt wird. Denn auch hier wird er ein Gefühl von Abhängigkeit verspüren, welches umso größer ist, je höher seine Pflegebedürftigkeit ist und je weniger seine häusliche Umgebung auf diese Pflegebedürftigkeit angepasst ist. Diese Gefühle können als starke Bedrohung und Gefährdung der eigenen Existenz erlebt werden. Die als Krise erlebte Situation muss daher einfühlsam begleitet werden. Mit der Psychosozialen Beratung werden alte Menschen in der Auseinandersetzung mit dieser Situation unterstützt und es werden Möglichkeiten zur Bewältigung entwickelt.

■ **Probleme gemeinsam erkennen, verstehen und ansprechen**

3

Fallbeispiel „Frau Heine" Teil 2

In der Übergabe erzählt AltenpflegerIn Anna, dass sie den Eindruck hat, Frau Heine ziehe sich immer mehr zurück. „Ich finde, sie ist schon richtig depressiv." Heute ging es die ganze Zeit darum, dass sie ja nichts könne. Sie wollte heute auch überhaupt nicht mehr mithelfen, obwohl sie nun wirklich noch ein bisschen was alleine machen kann. Ich habe sie jedenfalls nicht dazu bekommen, mitzuhelfen und nach dem Frühstück wollte sie auch gleich wieder ins Bett."

Rückzug, Vermeidung, Anklage und Depression sind typische Probleme, die beim krisenhaft erlebten Heimeinzug zu beobachten sind. Diese Probleme können in Phasen vereinzelt oder aber auch gebündelt auftauchen. Bei Frau Heine haben die AltenpflegerInnen einen Rückzug und depressives Verhalten entdeckt. Gleichzeitig war auffällig, dass sich in Gesprächen alles nur um ihre „Krankheit" dreht.

Fallbeispiel „Frau Heine" Teil 3

Altenpflegerin Sabine: „Ich wollte nur mal nach Ihnen sehen, Frau Heine. Das ist ja richtig kalt hier im Zimmer, soll ich das Fenster zu machen?"

Frau Heine: „Ja, wenn Sie meinen."

Sabine: „Sie machen so ein trauriges Gesicht. Möchten Sie vielleicht einen Moment reden?"

Frau Heine: „Wissen Sie, was ich möchte? Ich möchte am liebsten sofort wieder nach Hause. Es ist alles so anders hier."

Sabine: „Sie fühlen sich fremd hier?"

Frau Heine: „Ja, es ist schlimm, sein Zuhause zu verlieren."

Sabine: „Was finden Sie am schlimmsten an ihrer jetzigen Situation?"

Frau Heine: „Dass ich auf einmal so abhängig bin."

Sabine: „Für Sie ist es am schlimmsten, Ihre Selbstständigkeit zu verlieren."

Frau Heine: „Ja, ich war es immer gewohnt, alles alleine zu machen und jetzt ..."

Sabine: „Ja ...?"

Frau Heine: „Und jetzt kann ich gar nichts mehr."

 Tipps für die Praxis

Die alten Menschen einem **„mildem Stress"** auszusetzen ist hilfreicher, als jeden Stress von ihnen fern zu halten. Dieser milde Stress besteht in der Psychosozialen Beratung darin, die alten Menschen dazu zu bringen, sich **aktiv** mit ihrer Situation auseinanderzusetzen.

■ Warum Ressourcenorientierung wichtig ist

Insgesamt sind alte Menschen wahre Meister darin, ihre körperlichen und auch psychischen Einschränkungen zu kompensieren, um ihren Alltag bewältigen zu können. Sie arbeiten ständig daran, ihre Unabhängigkeit zu bewahren. Wenn alten Menschen keine Möglichkeiten mehr zur Kompensation ihrer Einschränkungen zur Verfügung stehen, werden sie ihre Abhängigkeit in verstärktem Maß erleben. Sie werden mit ihrer Lebenssituation unzufrieden.

In der Altenpflege und somit auch in der Psychosozialen Beratung gewinnt daher die Ressourcenorientierung ein besonderes Gewicht. Mit dem alten Menschen gemeinsam seine Ressourcen zu erkennen, kann zu einer Bewältigung der krisenhaft erlebten Situation führen. Somit sucht die BeraterIn mit ihm zusammen nach Lebensbereichen, in denen er unabhängig ist oder werden kann.

 Tipps für die Praxis

▶ Vorhandene Fähigkeiten und Fertigkeiten erkennen und fördern. Die Optimierung der Ressourcen des alten Menschen dient dazu, Einschränkungen zu kompensieren und ihn unabhängiger zu machen (☞ 1.3.1)

▶ Situations- und Erfahrungsbereiche hervorheben, die für den alten Menschen eine positive Bedeutung erhalten. Dadurch gewinnt der alte Mensch trotz der erlebten Belastungssituation sein psychisches Gleichgewicht zurück (☞ 2.2.6).

Fallbeispiel „Frau Heine" Teil 4

Sabine: „Überlegen Sie doch mal, was bei Ihnen noch funktioniert."

Frau Heine: „Na ja ... da oben (fasst sich an die Stirn), da funktioniert es wenigstens noch."

Sabine: „Im Kopf ist alles in Ordnung ... (lässt eine kurze Pause). Das hört sich doch schon gar nicht so schlecht an."

Frau Heine: „Das stimmt. Manchmal denke ich aber, wenn ich im Kopf nicht mehr da wäre, würde ich das alles nicht so mitbekommen."

Sabine: „Frau Heine, wir waren doch bei den Dingen, die noch funktionieren."

Frau Heine: „Ja, Sie haben recht."

Sabine: „Was ist denn das Beste daran, dass Ihr Kopf noch funktioniert?"

Frau Heine (überlegt eine ganze Weile): „Denken kann ich, was ich will."

Sabine: „Im Denken sind sie nicht abhängig, stimmt das?"

Frau Heine (entschieden): „Da lass ich mir nicht bei helfen. Das kann ich ganz allein."

Übungen

- Welche Techniken haben Sie in dem Gesprächsausschnitt entdeckt?
- Welche Phasen der Psychosozialen Beratung können Sie den Gesprächsauschnitten zuzuordnen?
- Wie würden Sie das Beratungsgespräch weiterführen?

3.2 „Jetzt bin ich eben allein."

Fallbeispiel „Herr Braun" Teil 1

Herr Braun ist 89 Jahre alt und lebt seit drei Jahren alleine in seiner Wohnung. Bevor seine Frau gestorben ist, ging es ihm noch sehr gut.

Aber seit dem Tod seiner Frau ging es immer weiter „bergab". Nun wird er seit einem halben Jahr durch einen ambulanten Pflegedienst versorgt. Die Pflegenden kommen zweimal täglich, morgens und abends, und unterstützen ihn teilweise bei der Körperpflege und beim An- und Ausziehen. Frühstück und Abendessen macht er sich alleine, das Mittagessen wird ihm gebracht. Seine Tochter kauft einmal die Woche für ihn ein und hält die Wohnung sauber.

■ Soziale Isolation

Das Zusammenspiel von körperlichen Einschränkungen und dem Verlust des Partners, Familienangehöriger und von Freunden reduziert die sozialen Kontakte von alten Menschen in erheblichem Ausmaß. Betagte Erwachsene leben häufiger alleine als jüngere Erwachsene. Erstaunlicherweise fühlen sie sich nach einer Umfrage dabei trotzdem weniger sozial isoliert.

Die objektive **soziale Isolation** deckt sich nicht unbedingt mit dem subjektiven **Gefühl der Einsamkeit.** Wer glaubt, jeder alte Mensch, der nur noch wenige soziale Kontakte hat, wäre per se einsam, unterliegt einem Vorurteil.

Nicht jeder alte Mensch, der isoliert lebt, ist einsam und nicht jeder alte einsame Mensch lebt isoliert!

Einsamkeit ist also keine objektive Tatsache, sondern ein Gefühlszustand, der je nach Situation durchaus unterschiedlich erlebt werden kann.

Wenn aber die Wünsche bzw. Bedürfnisse nach zwischenmenschlichen Beziehungen und Anerkennung und die reale Lebenssituation stark voneinander abweichen, dann wird sich das Gefühl der Einsamkeit am ehesten zeigen. Obwohl die soziale Isolation kein Problem aller alten Menschen ist, kann es doch für diejenigen, die darunter leiden, zum größten Problem ihres Lebens werden.

Das Einsamkeitsgefühl und seine Folgen

Fallbeispiel „Herr Braun" Teil 2
Die Tochter von Herrn Braun, die 20 Kilometer entfernt wohnt, kommt
einmal die Woche zu Besuch. Sie organisiert zwar alles für ihren Vater,
aber die Beziehung zwischen den beiden ist nicht besonders gut. Die
Tochter hat der Pflegedienstleitung damals erzählt, dass er sich seit
dem Tod ihrer Mutter total verändert habe. Man kann ihm überhaupt
nichts mehr recht machen. Er ist sehr mürrisch und immer sehr schnell
aufbrausend, wenn man sich nicht sofort kümmert oder gar unpünktlich
kommt. Dies haben auch die Pflegekräfte schon am eigenen Leib zu
spüren bekommen. Im Moment kommt es immer wieder zu Konflikten,
weil Herr Braun oftmals Hilfestellung ablehnt. Eigentlich kommt nur
Altenpfleger Klaus ganz gut mit ihm klar. Seine Kollegen haben ihn ge-
beten, mit Herrn Braun ein Beratungsgespräch zu führen.

3

Übungen

- Wie würden Sie das Problemsystem von Herrn Braun beschreiben: Wer ist an dem Problem beteiligt?
- Welche Beziehungen zwischen den Beteiligten und den einzelnen Problemfaktoren können Sie erkennen? (☞ 1.1.3.)

Das Gefühl der Einsamkeit kann Ausdruck in Verzweiflung, Depression, geringerer Selbstachtung und Langeweile finden. In der
Folge entwickeln alte einsame Menschen häufig Einstellungen und
Verhaltensweisen, die von Außenstehenden als „eigenbrödlerisch"
oder „komisch" wahrgenommen werden, z. B.:

- Eine resignierte Haltung
- Eine gereizte Stimmung
- Misstrauen und Ablehnung
- Rückzug und Abkapslung.

Die bestehenden Beziehungen – ob in der Familie oder zwischen
den Pflegenden und dem alten Menschen – werden dadurch zusätzlich belastet und das Einsamkeitsgefühl des alten Menschen
verstärkt sich.

3

■ Warum es wichtig ist, den Blick auf die Beziehung zu lenken

Menschen leben immer in Beziehungen, ob sie einsam sind oder nicht. Einsame alte Menschen erleben ihre Beziehungen allerdings eher schlecht. Sie sind dabei weniger in der Lage, von sich aus ihre Erwartungen und Gefühle zu formulieren.

Fallbeispiel „Herr Braun" Teil 3

Klaus nimmt sich am heutigen Tag vor, Herrn Braun auf die Konfliktsituation anzusprechen, die zwischen Herrn Braun und den KollegInnen entstanden ist. Nach längeren Überlegungen, wie er das Gespräch beginnen soll, entschließt er sich dazu, Herrn Braun direkt zu fragen, wie er mit den Pflegenden zurecht kommt. Nach kurzer Zeit kommt die Sprache auf Schwester Sabine.

Herr Braun: „Diese Schwester Sabine zum Beispiel ... Der trau ich nicht über den Weg. Da bin ich froh, wenn die schnell wieder weg ist."

Altenpfleger Klaus: „Sie sind misstrauisch?"

Herr Braun: „Die kommt hier immer einfach so rein, so wie es ihr gerade passt."

Klaus: „Sie haben sie nicht gerne hier in der Wohnung?"

Herr Braun: „Das sind ja alles fremde Menschen! Immer nur fremde Menschen um einen rum!"

Klaus: „Ist Ihnen denn jemand nicht fremd?"

Herr Braun: „Ich hab ja keinen mehr. Meine Frau ist tot und jetzt bin ich eben alleine."

Klaus: „Und ihre Tochter?"

Herr Braun: „Die hat ja nie Zeit. Da muss immer alles schnell, schnell gehen."

Klaus: „Was glauben Sie denn, wie Ihre Tochter Ihre Situation einschätzt?"

Herr Braun: „Die ist froh, dass es Sie gibt und sie nicht so oft kommen muss."

Klaus: „Sie glauben, sie kommt nicht gerne?"

Herr Braun schweigt und nickt.

Klaus: „Was müsste denn passieren, damit Ihre Tochter gerne kommen würde?"

Herr Braun (überlegt): „Es müsste so sein wie früher. Da haben wir uns immer gut unterhalten, so wie wir jetzt."

Klaus: „Was könnten Sie denn dafür tun?"

Herr Braun: „Ich weiß es nicht. Früher hat meine Frau alles gemacht."

Klaus: „Wenn Ihre Frau jetzt hier wäre, was würde Sie machen, damit Ihre Tochter gerne zu Ihnen kommt?"

Herr Braun: „Die beiden haben immer viel telefoniert und sich viel unterhalten. Und die Birgit ist dann oft nachmittags zum Kaffee gekommen. Meine Frau konnte gut backen."

Klaus: „Und was wäre, wenn Sie das auch machen würden?"

Herr Braun: „Ich kann das doch nicht mehr. Und backen kann ich auch nicht."

Klaus: „Sie können Ihre Tochter doch einfach mal einladen. Ohne, dass sie etwas für Sie tun muss. Einfach mal so."

Herr Braun: „Meinen Sie, dass sie kommen würde?"

Klaus: „Was glauben Sie denn?"

Herr Braun: „Ja, wahrscheinlich schon."

Klaus: „Sie würde sich bestimmt wundern, oder?"

Herr Braun: „Ja, das kennt sie nicht. Sie denkt bestimmt, ich will was von ihr." (Er lächelt vor sich hin.)

3 (margin tab)

Übungen

- Wie würden Sie das Gespräch beginnen?
- Welche Gesprächstechniken hat „Klaus" eingesetzt?
- Welche der Grundhaltungen spiegelt sich im Gesprächverhalten von „Klaus" besonders wieder? Begründen Sie ihre Einschätzung.

Den Beziehungen sind in der Beratung besondere Beachtung zu schenken. Denn wenn der alte Mensch unterstützt wird, die Beziehungen, in denen er lebt, anders wahrzunehmen und seine Möglichkeiten sieht, diese aktiv zu gestalten, dann wird er die Anforderungen, die eine soziale Isolation an ihn stellt, besser bewältigen können.

Tipps für die Praxis

▶ Den alten Menschen helfen, seine Erwartungen an andere zu artikulieren

▶ Sich nicht scheuen, auch Beziehungskonflikte mit Angehörigen zum Thema zu machen.

Einsamkeit ist auch immer ein Zeichen von fehlenden Aufgaben und von fehlenden Möglichkeiten, den Tag sinnvoll zu gestalten. Je mehr der alte Mensch auf Anregungen von außen angewiesen ist, desto eher besteht die Gefahr, dass er seinen Tag sinnentleert erlebt. Daran wird auch noch einmal deutlich, dass es im Alter nicht auf die Anzahl der sozialen Kontakte ankommt, sondern auf die Qualität.

 Auch Psychosoziale Beratung ist eine Anregung von außen. Sie sollte dabei aber nie zum Selbstzweck werden.

3.3 „Ich hoffe, es hat bald ein Ende."

Fallbeispiel „Frau Reichert" Teil 1

Frau Reichert ist 86 Jahre alt und lebt seit einem halben Jahr im Pflegeheim. Sie ist schwerstpflegebedürftig und liegt fast nur im Bett, weil ihr das Aufstehen und die Mobilisation große Schmerzen bereitet. Frau Reichert sagt den AltenpflegerInnen immer wieder, dass sie endlich sterben möchte.

Übung
Wie würden Sie auf den Satz von Frau Reichert „Ich hoffe, es hat bald ein Ende" reagieren?

■ *Die Auseinandersetzung mit dem Lebensende*

Alte Menschen sind in einer Phase ihres Lebens, in der sie sich emotional mit ihrem nahenden Lebensende auseinandersetzen. Die größten Probleme haben dabei die 50 bis 60-jährigen. Denn von dieser Gruppe wird das Thema weitaus beunruhigender wahrgenommen als von Älteren, die ihr Lebensende eher mit Akzeptanz annehmen. Diese Akzeptanz „der Hochbetagten" ihr Lebensende eher anzunehmen, ist dadurch begründet, dass ihr Lebensende auch sachlich – bezogen auf das durchschnittlich erreichte Lebensalter der Menschen – bestätigt ist. Wenn der alte Mensch dann noch persönlich mit seinem Leben zufrieden ist, wird er am ehesten eine positive Einstellung zum Sterben haben. So oder so ist die Auseinandersetzung mit dem Lebensende immer begleitet mit einem Rückblick auf das eigene Leben:

- Nicht selten sieht man alte Menschen, die sich regelrecht in die Vergangenheit flüchten, um diese „letzte Krise" zu bewältigen
- Menschen, die in dieser Lebensphase auf ihr eigenes Leben zurückblicken, werden sich auch immer an unglückliche und krisenhafte Ereignisse erinnern. Wurden diese Erlebnisse nicht bewältigt, so werden sie jetzt für den alten Menschen zum zentralen Thema
- Menschen, die ein hohes Lebensalter erreicht haben und mit ihrem Leben zufrieden sind oder waren, entwickeln insgesamt eine positivere Einstellung zum Sterben.

Folgen für den Umgang mit den alten pflegebedürftigen Menschen

Die natürliche Angst und Abwehr jedes jüngeren Menschen, mit alten Menschen über den Tod und das Sterben zu sprechen, betrifft auch die Pflegenden. Dadurch aber wird die Gesprächsbereitschaft verringert, die eigentlich so wichtig für die Bewältigung der Gefühle auf beiden Seiten ist. AltenpflegerInnen und nicht nur diejenigen, die Psychosoziale Beratung anwenden, müssen diese Angst überwinden lernen. Alte Menschen dürfen in der Auseinandersetzung mit dem Thema nicht alleine gelassen werden.

3

Fallbeispiel „Frau Reichert" Teil 2

Altenpflegerin Birgit: „Wie geht es Ihnen, Frau Reichert?"

Frau Reichert: „Nicht gut. Wissen Sie, ich hoffe, es hat bald ein Ende."

Birgit: „Sie sehen dem Ende entgegen."

Frau Reichert: „Mein Leben ist vorbei. Ich möchte gerne sterben."

Birgit: „Sind Sie zufrieden, wenn Sie auf Ihr Leben zurückschauen?"

Frau Reichert: „Es war eine schwere Zeit. Der Krieg, wissen Sie. Aber doch, ich hatte ein gutes Leben. Jetzt bin ich 89 Jahre alt. Das reicht nun wirklich. Es kann nichts mehr passieren."

Birgit: „Ja! Sie haben ein hohes Alter erreicht. Und bestimmt viel in Ihrem Leben erlebt. Haben Sie Angst davor zu sterben?"

Frau Reichert: „Ich habe immer so viele Schmerzen ... und kann nicht mehr viel machen. Sie müssen mir bei allem helfen ...!

Birgit: „Es ist eine schwere Situation!"

Frau Reichert: „Angst habe ich nicht, dass es bald vorbei ist!"

In solchen Situationen, in denen die alten Menschen von sich aus das Thema Sterben ansprechen, ist es wichtig, dieses Thema und die Gefühle auf beiden Seiten zuzulassen. Im Beispiel war die Altenpflegerin Birgit mutig genug, sich dem Gespräch bewusst zu stellen. Sie hat versucht, die Gefühle zu spiegeln und Frau Reichert somit den Raum gelassen, ihre Gedanken mitzuteilen.

Tipps für die Praxis

▶ Wahrnehmen und Ansprechen der „unsichtbaren" Bedürfnisse der alten Menschen, über den Tod zu sprechen (☞ 2.2)

▶ Der alte Mensch, der sein Lebensende in Gesprächen zum Thema macht, ist auch bereit, sich damit auseinanderzusetzen. Indem dies ignoriert und verharmlost wird, wird er nicht geschont, sondern zusätzlich belastet.

■ Sterbephasen

Die amerikanische Sterbeforscherin Kübler-Ross hat das bekannteste Phasenmodell des Sterbeprozesses entwickelt. Es basiert auf umfangreichem Interviewmaterial und unterliegt dennoch, wie alle Phasenmodelle, der Gefahr, dass die Individualität des Sterbens vernachlässigt wird.

1) „Nicht ich."

Nach der ersten Konfrontation mit der Tatsache „Sterben zu müssen", egal, ob es ein Arzt verkündet oder der alte Mensch es selbst spürt, wird ein Verdrängungsmechanismus einsetzen. In dieser Phase wollen die alten Menschen häufig den Tod nicht wahrhaben und suchen Ausflüchte. So beschäftigen Sie sich z. B. mit Dingen, die anderen im Moment viel unwichtiger erscheinen, nur um sich nicht mit dem Gedanken beschäftigen zu müssen, dass Sie bald sterben. Mit solchen den Tod verleugnenden Mechanismen wird die Phase des Sterbens häufig eingeleitet.

2) „Warum ich?"

Diese Phase ist von einem Gefühlssturm begleitet: Ungerechtfertigte Vorwürfe gegen andere, Aggressivität, starke Unzufriedenheit können in den Vordergrund treten. Der alte Mensch kämpft verzweifelt gegen sein Schicksal an.

3) „Vielleicht doch nicht."

Der alte Mensch tritt in Verhandlungen mit dem eigenen Schicksal und der Hoffnung auf eine positive Wendung. So kann der alte Mensch an manchen Tagen aktiv und hoffnungsvoll sein. Er begegnet der Altenpflegerin z. B. mit Aussagen wie:
„Ich werde alles tun, was sie sagen. Dann komme ich wieder auf die Beine."
An anderen Tagen kann er in einer starken depressiven Stimmung sein und sagt z. B.: „Lasst mich in Ruhe. Es hilft alles nichts."

4) „Was bedeutet das für mich?"

Gefühle von Trauer und Niedergeschlagenheit begleiten den alten Menschen in dieser Phase. Diese depressive Stimmungslage ist nicht als pathologisch, sondern in der Auseinandersetzung mit dem eigenen Sterben als ganz normal zu werten. In dieser Phase wird sich der alte Mensch wirklich mit der Realität auseinandersetzen und vielleicht auch ganz bewusst Planungen anstellen. So plant er z. B. seine Beerdigung oder denkt über sein Testament nach.

5) „Ja, ich kann mein Schicksal annehmen."

Der alte Mensch akzeptiert sein Ende und nimmt es – wenn auch von Angst begleitet – an. Einige alte Menschen werden resignieren und bewusst aufgeben. Andere alte Menschen werden bewusst diese letzte Phase gestalten, Beistand erbitten, Aufmerksamkeit fordern und letzte Regelungen, z. B. mit der Familie, treffen.

 Wenn ein alter Mensch stirbt bzw. sich in der Auseinandersetzung mit seinem Sterben befindet, wird er nicht unweigerlich alle Phasen durchlaufen. Auch die Reihenfolge der Phasen ist nicht immer gleich und die jeweilige Zeitspanne kann durchaus unterschiedlich sein. Dennoch hilft das Wissen um diese Phasen, sich besser in die einzelnen Situationen der alten Menschen einfühlen zu können.

Fallbeispiel „Frau Reichert" Teil 3

Nachdem Birgit mittlerweile schon einige Male mit Frau Reichert über das Sterben gesprochen hat, scheint sie zu ihr größeres Vertrauen gewonnen zu haben. Als Birgit auf das Klingeln von Frau Reichert in das Zimmer kommt, entwickelt sich folgendes Gespräch:

Birgit: „Was möchten Sie denn mit mir besprechen?"

Frau Reichert: „Meine Tochter war gestern hier und da habe ich ihr gesagt, dass ich auf meiner Beerdigung keine Blumenkränze haben will. Und sie hat gleich gesagt: ‚Ach Mutter, so sollst Du doch nicht reden!' Und dann hat sie mich nicht mehr zu Wort kommen lassen ..."

Birgit: „Und das beschäftigt sie jetzt?"

Frau Reichert: „Ich möchte doch nur mit ihr besprechen, wie alles laufen soll. Und sie hört mir gar nicht zu."

Birgit: „Sie möchten gerne alles in Ruhe bereden!"

Frau Reichert: „Ja, können Sie nicht mal mit ihr reden und ihr das alles erklären."

Birgit: „Stellen Sie sich mal vor, ich wäre jetzt ihre Tochter. Was würden Sie mir dann sagen wollen?"

Frau Reichert: „Wie ich meine Beerdigung haben möchte. Alles andere hat sie ja schon. Die ganzen Unterlagen. Sie kümmert sich ja um alles."

Birgit: „Sie haben ganz bestimmte Vorstellungen von ihrer Beerdigung?"

Frau Reichert erzählt Birgit ausführlich, wie sie sich ihre Beerdigung vorstellt. Unter anderem sagt sie, wen sie sich dort wünscht und welche Musik gespielt werden soll.

Birgit: „Das wird bestimmt eine schöne Beerdigung! Und ihrer Tochter würde das bestimmt auch gefallen."

Frau Reichert: „Ich habe mir auch lange überlegt, wie es sein soll. Ich habe ja genug Zeit zum Nachdenken."

Birgit: „Versuchen Sie es ihrer Tochter genau so zu erzählen, dann wird sie sicherlich zu hören! Werden Sie es noch einmal ausprobieren?"

Übungen

- In welcher Sterbephase befindet sich Frau Reichert?
- Wie glauben Sie, geht das Gespräch zu Ende?
- Welche Gesprächstechniken haben Sie in diesen Ausschnitten entdeckt?

■ Warum die Balance zwischen Nähe und Distanz wichtig ist

Vor allem die immerwährende Konfrontation mit Sterben und Tod bringt die AltenpflegerInnen an ihre Grenzen. Ohnmacht- und Schuldgefühle können ausgelöst werden, da den Pflegenden die Begrenztheit ihres eigenen Handelns vor Augen geführt wird. Abschied zu nehmen von einem vielleicht schon lieb gewonnen Menschen fällt schwer. Im Zusammenhang mit Erinnerungen an belastende Situationen mit Sterbenden beschäftigen sich viele AltenpflegerInnen auch häufig mit der eigenen Sterblichkeit. Diese Belastungen machen deutlich, wie schwierig es ist, diese Situationen auszuhalten. Um einerseits den alten Menschen auch in der

Phase des Lebensendes beistehen zu können, andererseits nicht selbst ein Burnoutsyndrom zu erleiden, ist es wichtig, eine gute Balance zwischen Nähe und Distanz (☞ 1.3) zu finden und zu halten.

 Tipps für die Praxis
► Die professionelle Grundhaltung weiterentwickeln
► Beratungsmethoden und Gesprächstechniken erlernen und weiterentwickeln
► Die eigenen Tätigkeit und die eigene Person immer wieder reflektieren
► Offene Gespräche mit Kollegen führen
► Selbsterfahrungsseminare besuchen
► Supervisionen beantragen
► Sich Zeit nehmen zum Abschalten und emotionalen Auftanken.

Der Umgang mit Sterbenden ist für AltenpflegerInnen einer der zentralen Bereiche ihrer beruflichen Tätigkeit. Alleine aus dieser Tatsache heraus kann das Weiterentwickeln von Psychosozialen Beratungskompetenzen für die fachliche Qualifikation in der Altenpflege von zentraler Bedeutung sein.

4

Psychosoziale Beratung – (k)ein Allheilmittel?

Die Methode der Psychosozialen Beratung für die Altenpflege hat vielfältige Möglichkeiten, alte pflegebedürftige Menschen mit ihren speziellen Problemkreisen in der sozialen Sicherung ihres Lebens und der Auseinandersetzung mit existenzgefährdenden Erfahrungen zu unterstützen. Deshalb ist sie aber noch lange kein Allheilmittel – Psychosoziale Beratung ist, wie alle Methoden, weder unbegrenzt einsetzbar noch führt sie immer zum Erfolg.

 Psychosoziale Beratung hat trotz ihrer vielfältigen Möglichkeiten, die Kompetenz der alten Menschen zu stärken, sowohl Grenzen in ihrer Wirksamkeit als auch in ihren Einsatzmöglichkeiten.

4.1 Andere Hilfen einbeziehen

Psychosoziale Beratung kann (alleine) nicht immer helfen. Daher ist es auch nicht immer möglich, alleine durch die Beratung eine Lösung für das Problem zu finden.

Erhalt und Förderung der Selbstständigkeit und damit auch die Unterstützung bei Problemen kann die Psychosoziale Beratung nur auf der psychischen Ebene leisten. Da aber gesundheitliche und seelische Probleme sich oftmals gegenseitig bedingen, kooperiert eine BeraterIn bei körperlichen und medizinischen Problemen mit Ergo- und PhysioherapeutInnen, Ärzten und anderen Berufsgruppen. Daneben ist es teilweise auch angebracht, über die Beratung hinaus weitere Hilfestellungen anzubieten.

Fallbeispiel „Frau Pfeffer"
Altenpflegerin Sandra berät Frau Pfeffer seit einiger Zeit, da diese Konflikte mit ihrer Doppelzimmerpartnerin hat. Frau Pfeffer wird immer wieder von ihrer Mitbewohnerin beschuldigt, nachts so häufig aufzustehen und damit Unruhe zu verbreiten. Die Mitbewohnerin behauptet, dass sie dadurch nicht schlafen könne. So entsteht zwischen beiden immer wieder Streit. Dies belastet Frau Pfef-

fer sehr stark, weil sie sich „die Beschuldigungen" sehr zu Herzen
nimmt.

Sabine nimmt wegen der vermeintlichen Unlösbarkeit des Problems
folgende Überlegungen mit in die Beratung auf:

a) Ein eventueller Umzug wird besprochen. Sabine erkundigt sich bei
der Heimleitung bezüglich eines Einzelzimmers.

b) Die Schlaflosigkeit wurde in der Beratung thematisiert. Hilfestellungen von ärztlicher und pflegerischer Seite sind erforderlich.

c) Beide Bewohnerinnen könnten an anderer Stelle vielleicht wieder
etwas näher zusammenfinden, daher bezieht Sabine die Beschäfti-
gungstherapeutin mit ein.

4

Psychosoziale Beratung ist mehr als Reden

An diesem Fallbeispiel wird verständlich, das Reden alleine nicht
immer hilft und der alte Mensch nicht unbedingt selbst in der Lage
ist, aktiv zu handeln. Dann muss die AltenpflegerIn in der Beratung
zusammen mit dem alten Menschen diese weiteren Möglichkeiten
aufspüren und für ihn die ersten Schritte tun, um weitere Hilfestellungen zu veranlassen.

 Wenn die AltenpflegerIn in der Beratung merkt, dass das Problem des alten Menschen so vielfältig und vernetzt ist, dass sie
mit einem Beratungsgespräch alleine keine Unterstützung
bieten kann, dann holt sie zusätzlich von anderer Seite Hilfe
hinzu.

4.2 Der Umgang mit Verwirrten

■ Das Symptom Verwirrtheit

Verwirrtheit als eine zeitliche, örtliche und situative Orientierungs-
störung ist weder eine eigene psychische Erkrankung noch eine
medizinische Diagnose. Sie ist aber ein Begleitsymptom, das bei alten Menschen vielfach zu beobachten ist. Durch die Verwirrtheit

wird der Umgang und somit die Kommunikation mit den alten Menschen erschwert. Außerdem bedingen die Verhaltensauffälligkeiten und die mangelnde Anpassungsfähigkeit dieser Menschen ein hohes Konfliktpotential.

Verwirrtheit ist nicht ausschließlich bei dementiell Erkrankten zu beobachten, sondern kann ebenso durch vielfältige Wechselwirkungen entstehen. So sind nicht nur geistige Abbauerscheinungen, sondern auch soziale, familiäre, institutionelle und individuelle Faktoren zu berücksichtigen, wenn man sich dem Problem nähern will.

Psychosoziale Beratung verfügt nur begrenzt über Methoden und Techniken, die sich für die Problemsituationen Verwirrter eignen. Vor allem bei einem Fortschreiten der Demenz kann Psychosoziale Beratung in dieser Form nur noch einen stützenden (☞ 1.1.2) Beitrag leisten.

Bei alte Menschen, die psychisch erkrankt sind oder die nicht mehr in der Lage sind, verbal zu kommunizieren, ist die Psychosoziale Beratung nur begrenzt einsetzbar. Vor allem der lösungsorientierte Ansatz, durch den die alten Menschen dazu angeregt werden, selbst neue Perspektiven zu entwickeln und zu Lösungen zu kommen, kann alte Menschen mit diesen Einschränkungen eher überfordern.

Dennoch ist das theoretische Basiswissen der Psychosozialen Beratung und der speziellen Gesprächstechniken, z. B. Zuhören, Spiegeln, Nonverbale Signale erkennen und ansprechen (☞ 2.2), auch für die Begleitung dieser alten Menschen sehr hilfreich.

■ Validation

Eine sehr erfolgreiche Methode der Unterstützung verwirrter alter Menschen soll in diesem Zuge nicht unerwähnt bleiben: die Validation nach Naomie Feil. Diese Methode schafft eine Grundlage, um eine hilfreiche Beziehung zu diesen Menschen aufzubauen. Sie bietet spezielle Techniken, die in problematischen Situationen unterstützen können.

„Jemanden zu validieren bedeutet, seine Gefühle anzuerkennen, ihm zu sagen, dass seine Gefühle wahr sind. Das Ablehnen von Gefühlen verunsichert den anderen. In der Methode der Validation verwendet man Einfühlungsvermögen, um in die innere Erlebniswelt der sehr alten, desorientierten Person vorzudringen. Einfühlungsvermögen – ‚in den Schuhen des anderen gehen‘ – schafft Vertrauen, Vertrauen schafft Sicherheit, Sicherheit schafft Stärke – Stärke stellt das Selbstwertgefühl wieder her, Selbstwertgefühl verringert Stress." (aus Noamie Feil; 2000 S. 11)

Validation verbessert die Beziehung zwischen den Verwirrten und den jeweiligen Bezugspersonen. Die Grundhaltungen der Wertschätzung und der Empathie finden bei dieser Methode besonderes Gewicht (☞ 1.3.2). Das tiefe einfühlende Verstehen zeigt die validierende Grundhaltung, mit der die Pflegenden die „ver-rückte Welt" der Betroffenen verstehen lernen.

In einem noch stärkeren Maße als die Psychosoziale Beratung betont die Validation die Tatsache, dass der verwirrte alte Mensch seine eigene Logik des Handelns hat, die man nicht unbedingt verstehen, aber auf jeden Fall akzeptieren soll, also keineswegs werten oder beurteilen kann.

Die Methode der Validation verwendet spezielle (Gesprächs-)Techniken, mit denen ein kommunikativer Zugang zu den Verwirrten hergestellt werden kann. Damit können diese Menschen in problematischen Situationen (Angst, Sorge, Unruhe etc.) hilfreich unterstützt werden.

Validation baut auf ähnlicher Basis wie die Psychosoziale Beratung auf. Sowohl die Grundhaltungen (nach Rogers „Kongruenz, Akzeptanz, Empathie") als auch viele der Gesprächstechniken finden in beiden Methoden gleichermaßen Anwendung.

4.3 Das, was immer hilft!

Die Grundprinzipien der Psychosozialen Beratung gelten unabhängig von speziellen Methoden und Techniken. Sie finden sich überall dort wieder, wo „Helfer" tätig sind und bilden die Basis dafür, dass sich eine vertrauensvolle, hilfreiche und unterstützende Beziehung zu dem alten Menschen entwickeln kann.

In einer professionellen Beziehung, die den alten Menschen in Problemsituation erfolgreich unterstützt gilt immer:

- Die AltenpflegerIn sieht den alten Menschen als Partner und tritt ihm als Mensch entgegen. Sie begegnet ihm mit Empathie und Akzeptanz
- Die AltenpflegerIn unterstützt den alten Menschen in der Auseinandersetzung mit existentiellen Erfahrungen und unbewältigten Gefühlen
- Die AltenpflegerIn unterstützt den alten Menschen im Gespräch. Sie sucht den Kontakt zu dem alten Menschen, ohne ihn zu überfordern
- Die AltenpflegerIn wendet Gesprächstechniken an, die den alten Menschen in seiner Gefühlslage stützen
- Die AltenpflegerIn beachtet die Einschränkungen der alten Menschen mit Geduld und stützt sich im Gespräch auf die bevorzugten Kommunikationskanäle des alten Menschen.

Diese „Prinzipien" gelten unabhängig von den Einschränkungen der alten Menschen, ihren Problemen, der „Beratungsmethode" und der Profession der Helfer.

AltenpflegerInnen, die diese „Prinzipien" beachten, sind bereits mit den Grundzügen der Psychosozialen Beratung vertraut. Die Beherrschung ihrer Theorie und Techniken, gepaart mit einer offenen, ehrlichen und reflektierenden Einstellung erweitert den Möglichkeitsraum für die Unterstützung der alten Menschen erheblich. Und dies ist hilfreich! Denn AltenpflegerInnen sind in ihrem Beruf gefordert zuzuhören, zu verstehen, zu motivieren, zu erklären, zu trösten – und das heißt zu beraten! Durch die Beschäftigung mit der Methode der Psychosozialen Beratung in der Altenpflege bekommen sie zwar nicht für jede problematische Situation eine Lösung, aber stärken sich selbst in der eigenen beruflichen Kompetenz und der eigenen Berufzufriedenheit. So wird es für die „Helfer" leichter, die Kernaufgabe „Beratung" professionell anzunehmen.

5

Weiterführende
Literatur

Auhagen von Salisch (Hrsg.): Zwischenmenschliche Beziehungen. Hogrefe Verlag für Psychologie 1993.

Barthelmeß, M.: Systemische Beratung. Eine Einführung für psychosoziale Berufe. Weinheim, Basel 1999.

Birkenbihl, V.: Signale des Körpers. Körpersprache verstehen. 15. Aufl., München 2001.

Ehlers, S.: Konflikt und Kooperation in der stationären Altenpflege. Magisterarbeit an der Georg-August-Universität Göttingen (unveröffentlichter Präsenzbestand der Bibliothek), 1998.

Feil, N.: Validation. Ein Weg zum Verständnis verwirrter alter Menschen. 6. Aufl., München 2000.

Feil, N.: Validation in Anwendung und Beispielen. Der Umgang mit verwirrten alten Menschen. 2. Aufl., München 2000.

Forgas, J. P.: Soziale Interaktion und Kommunikation, 3. Aufl., Weinheim 1993.

Hall, E. T.: Die Sprache des Raumes, Düsseldorf 1976.

Hirsch, A. M.: Psychologie für Altenpfleger. Band II Kommunikative Kompetenz. München 1997.

Kitwood, T.: Demenz. Der personenzentrierte Ansatz im Umgang mit verwirrten Menschen. Bern 2000.

Knobling, C.: Konfliktsituationen im Altenheim. Eine Bewährungsprobe für das Pflegepersonal. Freiburg im Breisgau, 3. Aufl., 1990.

König, E.; Volmer, G.: Systemische Organisationsberatung. Grundlagen und Methoden. Weinheim 1993.

Luhmann, N.: Soziale System. Grundriß einer allgemeinen Theorie. Frankfurt a. M. 1984.

Oerter/Montada u. a.: Entwicklungspsychologie. 2. Aufl., München 1987.

Prahl, H. W. & Schroeter, K. R.: Soziologie des Alterns. Paderborn 1996.

Pallasch, W.: Pädagogisches Gesprächstraining. Lern- und Trainingsprogramm zur Vermittlung therapeutischer Gesprächs- und Beratungskompetenz. 3. Aufl., Weinheim; München 1993.

Rogers, C. R.: Klientbezogene Gesprächstherapie. München 1973.

Rogers, C. R.: Therapeut und Klient. Grundlagen der Gesprächspsychotherapie. Frankfurt/M. 1983.

Rogers, C. R.: Die klientenzentrierte Gesprächspsychotherapie. 15. Aufl, Frankfurt a. M. 2002.

Schlippe, A. von & Schweitzer, J.: Lehrbuch der systemischen Therapie und Beratung. 8. Aufl., Göttingen 2002.

Schmidbauer, W.: Die hilflosen Helfer – Über die seelische Problematik der helfenden Berufe. Reinbeck bei Hamburg 1977.

Schulz von Thun, F.: Miteinander Reden 1. Störungen und Klärungen. Hamburg 1981.

Schulz von Thun, F.: Miteinander Reden 2. Stile, Werte und Persönlichkeitsentwicklung. Hamburg 1989.

Ulrich, H.; Probst, G. J. B.: Anleitung zum ganzheitlichen Denken und Handeln. Ein Brevier für Führungskräfte. 3. Aufl., Bern; Stuttgart 1991.

Watzlawick, P.: Menschliche Kommunikation. Formen, Störungen, Paradoxien. 9. Aufl., Bern 1996.

Willig, W. u. a.: Psychologie, Soziologie, Gesprächsführung in der Altenpflege. Ein praxisorientiertes Lehrbuch. 6. Aufl., Balingen 2001.

Wirsing, K.: Psychologisches Grundwissen für Altenpflegeberufe. Weihnheim; Basel 1984.

5

Index